Geert Franzenburg

# Pädagogik der Erlösung

## Konzepte spiritueller Erziehung in der Geschichte

Geert Franzenburg

# PÄDAGOGIK DER ERLÖSUNG

## *Konzepte spiritueller Erziehung in der Geschichte*

*ibidem*-Verlag
Stuttgart

Die Deutsche Bibliothek - CIP-Einheitsaufnahme:

Ein Titeldatensatz für diese Publikation ist bei
Der Deutschen Bibliothek erhältlich

∞

Gedruckt auf alterungsbeständigem, säurefreien Papier
Printed on acid-free paper

ISBN: 3-89821-044-8
© *ibidem*-Verlag
Stuttgart 2000
Alle Rechte vorbehalten

Printed in Germany

Inhaltsverzeichnis

# 1. EINLEITUNG ................................................................................. 7

1.1. ANLIEGEN UND AUFBAU DER ARBEIT ................................................ 7
1.2. ZUM THEMA "ÄDAGOGIK DER ERLÖSUNG " ........................................ 8
1.3. ZUR TERMINOLOGIE ...................................................................... 12
1.4. "PÄDAGOGIK DER ERLÖSUNG" IM KIRCHENLIED ................................ 18
1.5. "PÄDAGOGIK DER ERLÖSUNG" ALS AKTION ...................................... 20
1.6. "ERLÖSUNGSPÄDAGOGIK" IN DER SCHULE ........................................ 23
1.7. DIE FORSCHUNGSLAGE ................................................................... 26
1.8. ZUR AUSWAHL DER AUTOREN ........................................................ 31

# 2 UNTERSUCHUNGEN ................................................................... 33

2.1. ERLÖSUNG AUS DER SCHATTENHÖHLE: SPIRITUELLE ERZIEHUNG IN DER ANTIKE 33
2.1.1 Vorbemerkungen ....................................................................... 33
2.1.2. Zu den Autoren ........................................................................ 35
2.1.2.1. Platon ................................................................................. 35
2.1.2.2. Andere Autoren ................................................................... 44
2.1.3. Befund .................................................................................... 45
2.1.4. Erzieherische Implikationen ..................................................... 46
2.1.5. Erzieherische Konsequenzen .................................................... 49
2.2. DIE ERLÖSUNG AUS DEM ÄGYPTISCHEN REICHTUM: SPIRITUELLE ERZIEHUNG IN
DER FRÜHEN KIRCHE ......................................................................... 51
2.2.1. Vorbemerkungen ..................................................................... 51
2.2.2.Zu den Autoren ........................................................................ 53
2.2.2.1. Die biblische Tradition ........................................................ 53
2.2.2.2. Die Exoduserzählung in Alexandria ...................................... 58
2.2.2.3. Die Exoduserzählung in Kappadozien ................................... 60
2.2.2.4. Die Exoduserzählung im Westen ........................................... 67
2.2.4. Erzieherische Implikationen ..................................................... 71
2.2.5. ERZIEHERISCHE KONSEQUENZEN................................................. 73

2.3. DIE ERLÖSUNG VON DER SÜNDE: SPIRITUELLE ERZIEHUNG IN DER
REFORMATIONSZEIT UND IM PIETISMUS ........................................................ 76

   *2.3.1. Vorbemerkungen:* ................................................................ *76*

   *2.3.2. Zu den Autoren* ................................................................. *77*

      2.3.2.1. Die Reformatoren ...................................................... 77

      2.3.2.2. Die Pietisten ........................................................... 86

   *2.3.3. Befund* ............................................................................... *91*

   *2.3.4. Erzieherische Implikationen* ............................................ *92*

   *2.3.5. Erzieherische Konsequenzen* ........................................... *98*

2.4. DIE ERLÖSUNG AUS DER ISOLATION: SPIRITUELLE ERZIEHUNG IN DER GEGENWART. 99

   *2.4.1. Vorbemerkungen* ............................................................. *99*

   *2.4.2. Zu den Autoren* ............................................................... *100*

      2.4.2.1. Dietrich Bonhoeffer ............................................... 100

      2.4.2.2. Ernst Lange .......................................................... 104

   *2.4.3. Befund* ............................................................................ *107*

   *2.4.4. Erzieherische Implikationen* .......................................... *107*

   *2.4.5. Erzieherische Konsequenzen* .......................................... *107*

**3 RÜCKBLICK UND AUSBLICK** ...................................................... **111**

**4 LITERATUR** ................................................................................ **119**

# 1. Einleitung

## 1.1. Anliegen und Aufbau der Arbeit

Angesichts einer zunehmenden Diskussion um Sinn, Bedeutung und Funktion des christlichen Religionsunterrichts soll im folgenden durch den Blick in die Geschichte spiritueller Erziehung eine Antwort auf diese Legitimationsfragen abseits von rein biblisch-exegetischen, dogmatischen oder soziologischen Erklärungsmodellen versucht werden. Dabei geht es vor allem um die Frage, inwieweit auch im Bereich evangelischer Religionspädagogik entsprechende Traditionen oder Anregungen entdeckt, aufgegriffen und produktiv umgesetzt werden können. Ausgangspunkt ist dabei die für christliche Frömmigkeit zentrale Vorstellung, daß der in Sündhaftigkeit verstrickte Mensch durch Gott in Christus durch den Heiligen Geist zu einem Leben befreit ist, in dem er Gott und dem Nächsten dienen kann. Von dieser Auffassung her sollen exemplarisch Erziehungskonzepte daraufhin untersucht werden, wie dieses Motiv jeweils umgesetzt und für die Entwicklung einer spirituellen Haltung genutzt wird. Dabei werden neben den frühchristlichen Anfängen und den reformatorisch - pietistischen Ausgestaltungen spiritueller Erziehung auch ihre antiken Wurzeln in den Blick genommen. Darüber hinaus werden notwendige Verbindungslinien zwischen den einzelnen Epochen gezogen. Um die verschiedenen Konzepte spiritueller Erziehung im Laufe der Religionspädagogik zu untersuchen, bietet sich die Längsschnittform aus mehreren Gründen an: Zum einen läßt sich auf diese Weise die Entwicklung von erzieherisch wichtigen Motiven in der Geschichte wie das antike Bild vom Aufstieg aus der Höhle, der frühchristlichen von der Erlösung aus der Gefangenschaft, der reformatorischen von der Lösung aus schuldhafter Verstrickung oder der modernen von der Individuation bzw. Emanzipation aufzeigen. Zum anderen werden die Eigentümlichkeiten bzw. Unterschiedlichkeiten jeder Epoche deutlich.

Um beiden Aspekten gerecht zu werden, soll zunächst für jede einzelne Epoche der Befund erhoben, d.h. für jeden Autor sollen die einzelnen Belege für die erzieherische Verwendung der jeweiligen Bilder in ihren literarischen und historischen Kontext eingeordnet und erläutert werden.

In einem zweiten Schritt sollen dann die gefundenen und ausgewerteten Belege zueinander in Beziehung gesetzt werden, wobei sie nach pädagogischen Aspekten in ihrer wirkungsgeschichtlichen und erzieherischen Bedeutung gewürdigt werden. Zuletzt sollen mögliche Konsequenzen für die gegenwärtige religionspädagogische Praxis ansatzweise aufgezeigt werden.

### 1.2. Zum Thema "Pädagogik der Erlösung"

Der Begriff "Pädagogik der Erlösung" läßt sich entweder im Sinne eines Genitivus obiectivus oder eines Genitivus subiectivus auffassen.

Im ersteren Fall geht es um die Vermittlung eines Geschehens bzw. einer davon abgeleiteten Lehre. Soteriologie wird dabei als operationalisierbarer Lerninhalt angesehen.

"Pädagogik der Erlösung" meint dann, die Lernenden darüber zu informieren bzw. sie erkennen zu lassen:

- daß Jahwe im Pentateuch, in den Psalmen und von den Profeten als Befreier und Erretter seines Volkes gepriesen wird,
- daß Jesus in den Evangelien als der Christus, als ein besonderer, nicht ganz der Tradition entprechender Messias, d.h. Erlöser, geschildert wird,
- daß der Mensch durch Jesu, Inkarnation, sein Wirken, sein Sterben und seine Auferstehung Befreiung und Erlösung erfährt,
- daß sich davon unterschiedliche Soteriologien ableiten lassen und
- daß es darauf ankommt, diese (kognitive) Erkenntnis für sich (affektiv) anzunehmen) und (pragmatisch) zu leben.

Als Genitivus subiectivus geht es um die Wirksamkeit des Erlösungsgeschehens selbst. Entsprechend der für die frühchristlichen Theologen bestimmende paideia Christi und dem ihr zugrundeliegenden pädagogischen Wirken Gottes an seinem Volk besteht die "Pädagogik der Erlösung" darin, daß durch den Heiligen Geist und vermittels angemessener Inhalte und Methoden die Lernenden Erfahrungen kognitiver, affektiver und pragmatischer Art machen.

8

Diese Erfahrungen zeigen ihnen den Transzendenzbezug ihres eigenen Wirkens auf und ermöglichen ihnen damit neue Perspektiven des Denkens und Handelns, lassen sie dadurch Erlebnisse wie Erfolg und Versagen, Gemeinschaft und Einsamkeit, Wünsche und Ängste anders als bisher interpretieren. Auch wenn diese Erfahrungen nicht herstellbar sind, lassen sie sich doch durch entsprechende Vorbereitung und Begleitung und durch ein angemessenes setting ermöglichen (oder auch durch allzu direktives Vorgehen verhindern).

Während religionspädagogische Modelle traditionellerweise dem ersten Modell folgen, soll im folgenden versucht werden, im Sinne einer spirituellen, d.h. geistgewirkten und ganzheitlichen Erziehung und Bildung die pädagogische Wirkung des göttlichen Befreiungshandelns mitten im Alltag von Schule, Jugendarbeit, Kindergarten und Erwachsenenbildung aufzuzeigen. Dabei spielen soteriologische Konzepte nur insoweit eine Rolle, als sie die unterschiedlichen Aspekte dieses Wirkens (Anleitung zum wahren Leben, Befreiung aus Versklavung, Sündenvergebung, Heiligung, politische Befreiung) verdeutlichen. Hintergrund dieses Versuches ist die allgemeine Sinnsuche angesichts der beobachtbaren Diskrepanz zwischen Lernbedürfnissen Jugendlicher und dem Lern- und Vermittlungsbedarf der Gesellschaft:

Nicht nur in literarischen bzw. psychoanalytisch orientierten Biographien[1], sondern auch im pädagogischen Alltag, z.B. im Gespräch mit Jugendlichen, wird religiöse bzw. kirchliche Erziehung oftmals verallgemeinernd als einengend, klerikal -autoritär, moralisierend oder stark konservativ charakterisiert. Dabei werden jedoch nicht nur moderne schüler- und handlungsorientierte Ansätze unterschlagen, sondern vielmehr wird auf die lange Tradition dieser angeblichen Indoktrination verwiesen. Auf diese Vorwürfe läßt sich auf unterschiedliche Weise antworten: Auf der methodischen Ebene (durch Medieneinsatz, Projekte), auf der inhaltlichen Ebene (durch aktuelle Bezüge) oder auf der Ebene der Selbstdarstellung des Religionsunterrichts (durch PR-Maßnahmen).

Die folgenden Untersuchungen gehen einen anderen Weg, indem sie grundsätzliche Erwägungen zu befreienden Elementen von Bildungs- und Erziehungsarbeit mit Anregungen und Impulsen aus der Geschichte der Religionspädagogik von ihren antiken Wurzeln über die frühchristlichen Grundlagen, die reformatorische Ausgestaltung und die gegenwärtigen Konsequenzen verbinden.

---

1 Vgl. entsprechende psychoanalytisch geprägte Berichte ( z.B.Tilmann Moser,Gottesvergiftung).

Ihr Ziel besteht darin, angehenden bzw. praktizierenden Religionspädagogen die Augen für befreiende Aspekte zu öffnen, ihnen Impulse für deren didaktische Umsetzung zu geben und ihnen zu verdeutlichen, daß sie dabei auf eine reiche Tradition zurückgreifen können. Religiöse Erziehung kann so tatsächlich zu einer "Sprachschule für die Freiheit" (E. Lange) werden, durch die Menschen neue Erkenntnis- und Ausdrucksweisen erlernen. Mit deren Hilfe gelangen sie über das bloße Konsumverhalten hinaus. Das gilt vor allem auch für die Erziehung. Gerade hier spielt das Moment der Erlösung und seiner theoretischen und praktischen Implikationen eine wichtige, zumeist vernachlässigte Rolle. Hierbei läßt sich feststellen, daß jede Epoche ihr eigenes Konzept religiös -spiritueller Erziehung aufweist, bestimmte Elemente jedoch in abgewandelter Form wiederkehren und ein gemeinsames Anliegen verraten. Dieses läßt sich im weitesten Sinne als "Erlösungspädagogik" charakterisieren, weil es darum geht, die verschiedenen Aspekte des Erlösungsgeschehens in jeweils unterschiedlicher Gewichtung zu vermitteln: Der unerlöste, noch auf kurzfristige Bedürfnisbefriedigung ausgerichtete Mensch entspricht hier dem zwischen äußerem Leistungsanspruch und innerem "Eventbedürfnis" hin und hergerissenen Lernenden.Die Erlösung geschieht durch Vermittlung einer Haltung, die hinter den Alltagserfahrungen ebenso wie in besonderen Transzendenzerfahrungen Gottes Nähe wahrzunehmen und zu leben sucht, die von eigenen Anstrengungen der Selbstbestätigung hin zur Annahme des zugesprochenen Persönlichkeitswertes und damit auch zu neuer Gemeinschaft untereinander befreit.

Die verschiedenen Aspekte bzw. Elemente dieses Geschehens sind, bildlich gesprochen Stationen des Erlösungsweges: Gefangenschaft, Aufbruch, Hindernisse, Wegweiser, Ziel. Hierzu gehört zum einen der Aspekt der Gefangenschaft des Menschen in einer Höhle, der in der Antike im Mittelpunkt stand. Es geht zum anderen, abseits von allen zeitgebundenen Aspekten (Eliten- und Jungenerziehung, Erkenntnistrieb, Seelenwanderungslehre) um die Frage, warum überhaupt ein pädagogisches Nachdenken über Erlösung und Spiritualität notwendig und sinnvoll ist.

In der Auffassung einer solchen Notwendigkeit wurzelnd geht es in einem zweiten Schritt um die Grundlegung einer solchen christlich orientierten Erlösung im Blick auf das woher und das wohin, das von den Theologen des 4.Jh. in das Zenrum ihrer pädagogischen Überlegungen gerückt wurde. Auch die Gottesbeziehung spielt für den Erlösungsprozeß eine wichtige Rolle. Ihr widmeten sich vor allem die Reformatoren, auch wenn ihre Auffassungen von zeitgebundenen Elementen (Erbsünden- und Dämonenlehre, Obrigkeitsdenken) geprägt sind.

Aus diesen Einzelaspekten lassen sich für die pädagogischen Aufgaben und Probleme der Gegenwart Impulse ableiten, die auch angesichts der Herausforderungen der Gegenwart eine "Erlösungspädagogik" in der kirchlichen Bildungs- und Erziehungsarbeit ermöglicht. Ein geistbezogenes bzw. geisterfülltes Er-Ziehen von Menschen aus einem unbefriedigenden zu einem heilvollen Zustand durch verantwortungsvolle und erfahrene Anleitung, so die angemessene Übersetzung von spiritueller Erziehung, hat in diesem teleologischen Bedeutungszusammenhang befreiende Funktion, indem sie für Veränderung des Bestehenden sorgt Dabei geht eine solche Pädagogik zum einen von der Erziehungsbedürftigkeit und -fähigkeit des Menschen, zum anderen von seinen spirituellen Bedürfnissen und Anlagen aus. Von beidem aus entwickelt sich vor dem jeweiligen gesellschaftlichen, theologischen und individuellen Hintergrund ein Konzept zur Umsetzung des spirituellen Ideals durch pädagogisches Handeln. Solche historischen Konzepte zu analysieren und für die moderne Religionspädagogik fruchtbar zu machen, ist Aufgabe der folgenden Untersuchungen.

Zur Illustration der allgemeinen Bemerkungen sollen dabei zunächst nach einer terminologischen Klärung einige Texte vorgestellt werden, in denen die Erziehungsbedürftigkeit und -fähigkeit sowie die spirituellen Bedürfnisse und Anlagen vor allem von Jugendlichen thematisiert werden.

## 1.3. Zur Terminologie

Um zu klären, welche Rolle "Erlösungspädagogik" in der Geschichte der Religionspädagogik gespielt hat, ist es erforderlich, die benutzte Terminologie zunächst allgemein, dann aber auch im jeweiligen historischen Kontext zu klären. Das betrifft vor allem die Begriffsfamilien *Erlösung, Erziehung, Bildung und Spiritualität*:

### a) Erlösung als ganzheitliches Geschehen[2]

Anders als in der Theologie der Befreiung, der es um die soziale Veränderung von Lebensumständen geht, ist mit der "Erlösungspädagogik" ein Prozeß der Verhaltensänderung gemeint, der den ganzen Menschen als denkendes, fühlendes und handelndes Wesen betrifft. Eine solche Erlösung umfaßt sowohl die Freiheit von etwas, nämlich von einengenden Sichtweisen als auch die Freiheit zu etwas, nämlich zu neuer Wahrnehmung aber auch zu Verantwortung. Damit ist sie einerseits unabhängig von einer auch äußerlichen Befreiung aus bestimmten Strukturen, andererseits aber gebunden an einen Erlöser und an ein Erlösungsgeschehen. In christlicher Tradition sind damit Inkarnation, Kreuz und Auferstehung Jesu Christi gemeint, durch die der Glaubende eine neue, freie Existenz erhält. Im Laufe der Soteriologiegeschichte wechselte immer wieder das jeweilige Erlösungsmodell (Vergöttlichung des Menschen durch Gottes Inkarnation im Osten, Opfer-, Loskauf- oder Satisfaktionsmodell im Westen); es blieb jedoch stets die Überzeugung, daß der befreiende Gott den Menschen in Christus durch den Heiligen Geist zum Heil, zum ganzheitlichen Schalom, führt.

Der im folgenden zugrundeliegende Erlösungsbegriff geht über diesen ursprünglichen christologischen Bezug hinaus: Das Bild vom "Lösen" meint nicht nur, wie in biblischer Tradition den Freikauf von Sklaven, sondern läßt sich auch wörtlich als das Lösen von Fesseln interpretieren. Darüber hinaus greift der Begriff eine zentrale Bitte aus dem Vater unser auf ( "erlöse uns von dem Bösen "). Damit wird deutlich, wie sehr dieses Motiv seinen Platz im Gebet und damit in der individuellen und gemeinschaftlichen Frömmigkeit hat. Demgegenüber muß der pädagogische Bezug erst noch erwiesen werden, was im folgenden geschehen soll.

---

2 Zu den einzelnen Aspekten vgl. TRE 14 „Heil/Erlösung"

## b) Erziehung als geplante Verhaltensänderung

Mit dem Begriff Erziehung wird in allen Epochen gleichermaßen der Versuch gemeint, einen Mitmenschen zu einem bestimmten Verhalten zu motivieren.[3] Allerdings wechselten im Lauf der Jahrhunderte die Inhalte, Methoden und Ziele, da diese von den jeweiligen geistesgeschichtlichen Voraussetzungen (Anthropologie, Religion, Wissenschaft) und dem wirtschaftlichen Umfeld abhängen. So wurde im frühen Christentum das antike Ideal der kalokagathia bzw. virtus christlich adaptiert und um die pietas ergänzt. Dabei standen die soziale und individuelle Komponente in einem dialektischen Verhältnis zueinander: Heiden und Christen hatten in ihrer Ausbildung und Vervollkommnung auch das Gesamtwohl zu berücksichtigen[4]. Die Erziehungsziele schwankten dabei stets zwischen Gehorsam und mündiger Mitwirkung. Christliche und außerchristliche Erziehung standen und stehen seit Anfang immer in einem dialektischen Verhältnis zueinander, d.h. waren aufeinander angewiesen bwz. konnten voneinander profitieren[5].

Christliche Erziehung und Bildung fand in der Gemeinde in Form von Familienerziehung, Katechese, Mönchserziehung und Lektorenausbildung statt[6]. Klostererziehung und Katechese sind dabei voneinander streng zu trennen[7]: Während erstere durch Alphabetisierung zum Bibelstudium und christlicher Lebensführung anleiten und dadurch Kleriker heranbilden wollte[8], ging es letzterer nur um Einübung und Vertiefung christlicher Lebensführung, was auch sittliche Erziehung umfaßte.

---

3 Vgl. entsprechende Lexikonartikel (TRE u.ä.).
4 Das Christentum stützte sich vor allem auf die einfache Landbevölkerung, während das gebildete Bürgertum zumeist die heidnischen Kulte und Kulturgüter bevorzugte. Bildung war zumeist ein elitäres Privileg, wurde aber in elementarer Form auch als Grundrecht gesehen; vgl. z.B. Pack 224f.
5 Auch wenn in Alexandrien und im palästinensischen Cäsarea Katechetenschulen entstanden, blieb die Kirche doch in der Ausbildung von Kindern und Jugendlichen auf die paganen Institutionen angewiesen und mußte sich mit diesen auseinandersetzen. Dies betraf in erster Linie die Auseinandersetzung hinsichtlich der Lehrinhalte. Ein eigener christlicher Lehrerstand fehlte außerhalb der Klöster; vgl. ders.221-25/234; Vgl. S.8.
6 Eine christliche Alternativschule läßt sich in den ersten drei Jahrhunderten nicht belegen. Vgl.Pack 186f.
7 Ders.191/197 unterscheidet zwischen den rein kirchlich orientierten Lehrern (Apg.) und den philosophisch bestimmten Schulen bei Origenes und Plotin.
8 Ders.204-207 verweist dabei auch auf die Erziehung von Kindern, die das Kloster nur zeitweilig besuchten (Bas.,reg.fus 15; reg.brev.292/304).

Die Kirche selbst war in ihrem Selbstverständnis auf das jenseitige Heil bezogen und zugleich auf Anpassung an die staatliche Umgebung angewiesen.

Die Spannung zwischen paganen und christlichen Erziehungszielen, -inhalten und -methoden bestimmte auch die folgenden Jahrhunderte. Die Kirche antwortete darauf im Mittelalter mit einer Neuorientierung: Erziehung und Bildung bekamen Initiationscharakter und fanden in Kloster-, Dom- und Parochialschulen statt, die später teilweise zu Universitäten ausgeweitet wurden. Hier wurden Novizen zu "Berufschristen" erzogen und ausgebildet.

Die Auseinandersetzung zwischen Scholastik, später auch Orthodoxie auf der einen sowie Humanismus, Reformation und Pietismus auf der anderen Seite verdeutlicht zudem eine neben dem konfessionellen Gegensatz zusätzliche innerchristliche Spannung, nämlich zwischen einer stärker an Bildungsinhalten orientierten und einer eher die Erziehung zum "neuen Menschen" betonenden Haltung. Diese Spannung setzt sich mutatis mutandis auch bis in die Gegenwart fort. Christliche Erziehung läßt sich zusammenfassend als "sittlich geleitetes planvolles Führen des Unmündigen zu seiner Wesensbestimmung"[9] und zur Gotteserkenntnis charakterisieren.

Da mit den Erziehungszielen und -inhalten auch der Bildungsbegriff eng verbunden ist, soll er im folgenden näher untersucht werden.

---

9 Gaik 29, der im folgenden dieses Modell anhand des 1.-4.Jh.n.Chr. aufweist.

## c) Bildung als Vermittlung von Fähigkeiten und Kenntnissen

Ähnlich wie der Erziehungsbegriff war auch die Vorstellung darüber, was Schülern zu vermitteln sei, Wandlungen unterworfen. Diese Veränderungen ähneln zunächst der geschilderten Spannung zwischen paganen Mythen und Wissenschaften auf der einen und biblischen Geschichten und kirchlichen Lehren auf der anderen Seite. Gleiches gilt für die Auseinandersetzung zwischen pragmatisch und ganzheitlich orientierten Anschauungen. Diese durchzieht die gesamte Geschichte christlicher Erziehung, wenn auch in abnehmender Intensität: Im frühen Christentum war zusätzlich zur paganen Schule tägliches Bibelstudium wichtig[10]. Dabei wurde Rücksicht auf das Alter von Kindern und Jugendlichen genommen. Geschichten über Mord und Totschlag wurden erst spät, moralische Belehrung dagegen früh vermittelt. Die heidnischen Mythen wurden immer mehr durch die Bibel ersetzt[11]. Lehre und Lernen hatten eine stark ethische Komponente[12]. Die christliche Kritik an der paganen Bildung richtete sich daher vor allem gegen die Vernachlässigung ihres moralischen Aspekts[13]. Der Grammatiklehrer sollte die Schüler täglich zum Gebet ermahnen[14]. Das führte schließlich zur rein klösterlichen Ausbildung der Schüler. Im Spätmittelalter und den folgenden Jahrhunderten entwickelte sich mit den Hochschulen die Unterscheidung zwischen propädeutischen und philosophisch -theologischen Studien, was schließlich durch den modernen gleichberechtigten Fächerkanon relativiert wurde. Der homo litteratus und der christianus blieben bis in die Neuzeit eine Einheit. Die Entwicklung von Schulen in der Reformationszeit sorgte zudem für eine zunehmende Demokratisierung und Institutionalisierung der Bildung, die in der Neuzeit durch Lehrpläne und Methodik noch verstärkt wurde.

---

10 Vgl. Gärtner 115f. der auf idealisierende Züge in der vita Macrinae verweist.
11 Ders.117f. verweist auf die Syr. Didaskalie (Kap.2).
12 Ders.119/123.
13 Vgl. ders.135.
14 Ders.139 verweist auf Can.12 Hippoloyti p.366f (ed.R.G. Coquin).

## d) Spiritualität als geistgewirkte Frömmigkeit

In den folgenden Untersuchungen soll versucht werden, aus Beispielen spiritueller Erziehung zu lernen. Daher soll der Begriff der "Spiritualität" zunächst näher bestimmt und in seinen pädagogischen Aspekten reflektiert werden. Die bereits erwähnte Fülle religiöser, pseudoreligiöser und esoterischer Literatur auf dem Buchmarkt und entsprechende Kursangebote zeigen die Aktualität von Mystik und Spiritualität. Spiritualität hat im christlichen Kontext mit dem Heiligen Geist zu tun, der dem Einzelnen den Bezug zum Transzendenten eröffnet und zugleich die einzelnen Menschen miteinander verbindet. Eine solche Haltung ermöglicht nicht nur Individuation und Sozialisation, sondern auch die Erziehung zu einer entsprechenden Lebensführung. Hierbei spielen auch liturgische Aspekte eine Rolle, da gemeinsames Beten, Feiern und Meditieren wichtige Kennzeichen einer spirituellen Haltung darstellen. Das liegt im pneumatologischen Aspekt der Spiritualität begründet. Individuation und Sozialisation bilden den wechselseitigen Rahmen[15], die Ganzheit und Gottbezogenheit den Zielpunkt[16]. Vor allem ist auch das jeweilige Vorbild von Bedeutung, da es der Suche junger Menschen nach Orientierung entgegenkommt, Identifikationsmöglichkeiten bietet und eine indirekte Didaktik ermöglicht.

Spirituelle Pädagogik bemüht sich somit um eine Integration von Aktion und Kontemplation, von Kult und Alltag, Ich, Du und Welt. Dieser Ansatz bietet eine wichtige Ergänzung zu einer primär soziologisch- problemorientierten Religionspädagogik. Da sie Heranwachsenden Hinweise für ihre persönliche Individuation und Sozialisation gibt, ist Spiritualität gerade für die Religionspädagogik unaufgebbar. Dabei ist zwischen inner- und außerchristlicher sowie zwischen inner- bzw. außerkirchlicher Spiritualität zu unterscheiden.

---

15 Ders.24.
16 Ders.28.

**Fazit: "Erlösungspädagogik" als geistgewirkte Vermittlung von neuen, befreienden Formen von Frömmigkeit und Lebensgestaltung**

Im folgenden wird unter "Erlösungspädagogik" das Anliegen verstanden, den Schüler bzw. die Schülerin methodisch auf ganzheitlichem Weg zu einer Haltung zu verhelfen, die durch eine Transzendenzorientierung geprägt ist. Kinder, Jugendliche und Erwachsene sollen den Wert des Menschen jenseits von meßbaren Kenntnissen und Fähigkeiten respektieren, auch wenn sie ihn erst später erkennen können. Dabei soll ihnen das Vorbild des Lehrers ebenso wie literarische Vorbilder helfen, sowohl im eigenen Verhalten als auch im Zusammenleben ganzheitliche Menschlichkeit zu üben. Hierzu gehört die Einübung in die individuelle und gemeinschaftliche Frömmigkeit und ihre Ausprägungen in Fest und Alltag, in das vorbehaltlose Annehmen des Anderen in einer Gemeinschaft, in selbständige Auseinandersetzung mit Glaubensinhalten, - aussagen und –vorbildern, mit eigenen und fremden Zweifeln und Anfragen und in den produktiven Umgang mit Phantasie, Intuition und Emotionen.

Zu diesem Zweck müssen zunächst die vielfältigen Gefangenschaften bzw. Fesselungen im Alltag bewußt gemacht und zur Suche nach Alternativen motiviert werden. Darauf sollte durch entsprechende Vorbereitung und Lektüre das Vertrauen auf die göttliche Führung auf diesem Weg geweckt, ihr Geschenkcharakter und die mit ihr verbundene Verantwortung deutlich gemacht werden. Bei diesen einzelnen Schritten können, wie die folgenden Untersuchungen zeigen, die antiken, frühchristlichen, reformatorischen, pietistischen und modernen Konzeptionen spiritueller Erziehung wichtige Hinweise liefern.

17

## 1.4. "Pädagogik der Erlösung" im Kirchenlied

Daß das jugendliche Bedürfnis, aus einer unbefriedigenden Situation befreit zu werden, religiöse Hintergründe hat, läßt sich an zwei Liedern verdeutlichen, die seit den Kirchentagen der 70er Jahre die religiöse Jugendbewegung prägen und seit kurzem in das "Evangelische Gesangbuch" aufgenommen wurden.

EG 663:

*"Herr, deine Liebe ist wie Gras und Ufer, wie Wind und Weite und wie ein Zuhaus. Frei sind wir, da zu wohnen und zu gehen. Frei sind wir, ja zu sagen oder nein. "*

*Refrain ("Herr, deine Liebe... ")*

*"Wir wollen Freiheit, um uns selbst zu finden, Freiheit, aus der man etwas machen kann. Freiheit, die auch noch offen ist für Träume, wo Baum und Blume Wurzeln schlagen kann."*

*Refrain ("Herr, deine Liebe...")*

*"Und dennoch sind da Mauern zwischen Menschen, und nur durch Gitter sehen wir uns an. Unser versklavtes Ich ist ein Gefängnis und ist gebaut aus Steinen unserer Angst."*

*Refrain ("Herr, deine Liebe...")*

*"Herr, du bist Richter! Du nur kannst befreien, wenn du uns freisprichst, dann ist Freiheit da. Freiheit, sie gilt für Menschen, Völker, Rassen, so weit wie deine Liebe uns ergreift."*

*Refrain ("Herr, deine Liebe...")*

Wie dieses Kirchentagslied zeigt, hat das Freiheitsmotiv bei Jugendlichen Konjunktur[17]. Zudem wird deutlich, daß die hier betonte Freiheit nicht sehr viel mit Libertinismus zu tun hat, womit sie oftmals verwechselt wird. In den einzelnen, von Naturbildern geprägten Strophen geht es vielmehr um die Entscheidungsfreiheit, um die Verantwortung von Freiheit und um das befreiende Handeln Gottes. Dieses Handeln wird als letzlich im Freispruch durch Gott begründet charakterisiert, durch den jeder Mensch aus seiner Ichbezogenheit und Angst erlöst wird. Der Mensch ist also angesichts seiner innerlichen Gefangenschaft nicht in der Lage, sich selbst zu befreien, sondern braucht den Anstoß von außen.

---

17 Es handelt sich nur um eine kleine Auswahl, die auch durch Beispiele der modernen Rock-/Popmusik beliebig ergänzt werden kann.

Damit erinnert, wenn auch zufällig, dieses Lied, wie die folgenden Untersuchungen belegen, an wichtige Motive des Platonischen Höhlengleichnisses (Freiheit aus Gefängnis) wie auch der biblischen Exoduserzählung auf (Freiheit als Oase), verbindet sie mit dem reformatorischen Sünden- und Rechtfertigungsverständnis (befreiender Richter) und stellt sie in den Kontext moderner Emanzipationsbestrebungen (Freiheit zur Selbstfindung).

- EG 673 (ohne Refrain)

*"Ich lobe meinen Gott, der aus der Tiefe mich holt, damit ich lebe."*

*"Ich lobe meinen Gott, der mir die Fesseln löst, damit ich frei bin. "*

*"Ich lobe meinen Gott, der mir den neuen Weg weist, damit ich handle. "*

*"Ich lobe meinen Gott, der mir mein Schweigen bricht, damit ich rede. "*

*"Ich lobe meinen Gott, der meine Tränen trocknet, daß ich lache. "*

*"Ich lobe meinen Gott, der meine Angst vertreibt, damit ich atme. "*

Ähnlich wie im vorangehenden Beispiel greifen auch die Aussagen dieses Liedes Motive der im folgenden näher untersuchten Texte aus der Erziehungsgeschichte auf (Platonisches Höhlengleichnis, biblische Exoduserzählung, reformatorisches Sündenverständnis). Vor allem die beiden ersten Strophen lassen bewußt oder unbewußt Anklänge an das Höhlengleichnis bzw. an die Exoduserzählung erkennen, während die weiteren Strophen den Aspekt von Schuld und Isolation betonen: Die Tiefe, von der hier die Rede ist, ist durch Lebensfeindlichkeit, Gefangenschaft, Handlungsunfähigkeit, Stummheit, Trauer und Angst geprägt. Damit erinnert dieses Bild zum einen an die Gefangenschaft und Verstrickung in menschlich-allzumenschliches, die Platon bei den Höhlenbewohnern schildert, die in Ex.1-2 geschildert wird, die von den Reformatoren und Pietisten sowie von modernen Theologen immer wieder mit der Frage menschlicher Schuld thematisiert wird und die nach Erlösung geradezu schreit. Zum anderen ist es als Zustandsbeschreibung Jugendlicher aufzufassen, die ihre Rolle in der Gesellschaft finden. Ihre Suche nach Freiheit findet in diesem Lied eine Antwort im Gotteslob. Das entspricht dem christlichen Verständnis von spiritueller Erziehung, in der Gottes pneumatisches Wirken von zentraler Bedeutung ist.

Bereits diese kleine Auswahl an Beispielen verdeutlicht nicht nur das Bedürfnis junger Menschen nach spiritueller Erlösung, sondern zeigt auch, wie sehr zur Beschreibung dieses Phänomens auf Sprachbilder als Medium zurückgegriffen wird, die auch bereits in der Tradition Verwendung finden. Das dürfte damit zusammenhängen, daß Erfahrungen sich nicht nur argumentativ bzw. diskursiv, sondern vor allem bildhaft durch Symbole vermitteln lassen.

## 1.5. "Pädagogik der Erlösung" als Aktion

Die Kirchentage seit den 70er Jahren zeigen mit ihren Liedtexten die Sehnsucht einer Erlösung aus Gefangenschaften aller Art und die Spiritualität als ganzheitliches Leben aus dem Geist. Wie stark ausgeprägt dieses Bedürfnis nach Spiritualität ist, zeigt sich auch an der Attraktivität fernöstlicher Meditationspraktiken, schamanischer Trance - Techniken, spiritistischer Botschaften oder alchemistisch -kabbalistischer Geheimlehren bei Jugendlichen. Anders als bei dieser allgemeinen Charakterisierung von Spiritualität als Ganzheitserfahrung soll im folgenden eine christlich orientierte Definition von Spiritualität zugrundegelegt werden, in welcher die Erfahrung von Transzendenz, Ganzheitlichkeit und innerem Wachstum an den Glauben an Gott, an das Evangelium Christi und an die Wirkkraft des Heiligen Geistes gebunden sind[18].

Die Verwendung von Stilleübungen, Fantasiereisen und Ritualen in der Grundschulpädagogik und begleitende Angebote religiöser Art (Gottesdienste, religiöse Schulwochen) in den weiterführenden Schulen weisen darauf hin, daß auf entsprechende Bedürfnisse der Schüler reagiert wird[19]. Solche Angebote zeigen zugleich, wie sehr bei den Lehrern entsprechende Erfahrung und Achtsamkeit, bei allen Beteiligten darüber hinaus kontinuierliches Üben notwendig ist. Dabei kommt es darauf an, zwischen einer stärker reflektierenden Erwachsenen- und einer spontanen Kinderspiritualität zu unterscheiden, ohne beides voneinander zu trennen.

---

18 Vgl. zum folgenden Janzen 12-19.
19 Vgl. das Referat von Böhm (s. Literaturverzeichnis); vgl. auch den "Dienst an Schulen der EKvW"

Spiritualität knüpft fördernd -einladend an das kindliche Bedürfnis nach Vertrauen, Ruhe, Selbständigkeit, Ritualen, Feiern und guten Taten wie auch nach Transzendenz, Spontanität und neuen Erfahrungen an und expliziert die bereits implizite transzendente Ebene (Gott). Inhalte, Medien und Methoden sollten der Gottesbeziehung der Schüler angemessen sein und respektvoll behandelt werden. Das gilt auch für Äußerungen, die konfessorischen Charakter haben. Außerdem gilt es zwischen spontanen und "organisierten" bzw. angeordneten Aktionen zu unterscheiden und erstere gegenüber den anderen besonders zu betonen. Allerdings ist zu berücksichtigen, daß in allen Fächern Leistung erbracht und bewertet werden muß, was das Anliegen einer "Erlösungspädagogik" etwas einschränkt, sie aber zugleich auch als wichtige Ergänzung erscheinen läßt. Entsprechend der "fides quaerens intellectum" gilt es Denken und Erfahrung miteinander zu verbinden sowie Erziehungsbedarf und Freiheitsbedürfnis miteinander zu harmonisieren. Hier kann die Orientierung an der ganzheitlichen spirituellen Tradition helfen.

Ihr Anliegen einer umfassenden Förderung des Menschen kann als Korrektiv die innerliche gegenüber einer bloß äußerlichen Motivation betonen und fördern, damit die zu messende Leistung möglichst aus freiem Antrieb, nicht aus bloßem Gehorsam erwächst. Spirituelle Übungen sollten daher dem Unterricht natürlich entwachsen und in ihn integriert sein. Sie sollten als gemeinsamer Weg auf die Leiblichkeit, Sinnhaftigkeit, Emotionalität, Imaginationskraft und Kreativität der Schülerinnen und Schüler durch Gesten, Gebete, Symbole, schöpferisches Gestalten und Meditationen einwirken. Diese im pädagogischen Alltag immer wieder laut werdenden Forderungen belegen den großen Stellenwert spiritueller Erziehung im erzieherischen Kontext. Spirituelle Pädagogik ist dabei, wie geschildert, als ganzheitlicher Unterricht im Spannungsfeld zwischen Individuation und Sozialisation zu verstehen. Für eine solche Förderung des Religionsunterrichts bieten sich, wie entsprechende Beispiele zeigen, verschiedene Möglichkeiten: Am wichtigsten ist eine Atmosphäre gegenseitiger authentischer und vertrauensvoller Achtung und Wertschätzung sowie eine ganzheitliche, situative und lebensnahe Förderung. In diesem Zusammenhang kann auch die Konfrontation mit fremden Lebensformen und –entwürfen hilfreich sein. Hier ist z.B. an die Beschäftigung mit historischen Vorbildern wie Franz von Assisi[20], aber auch mit gegenwärtigen Zeitgenossen zu denken.

---

20 Vgl. die Ausführungen bei Steffensky (s. Literaturverzeichnis)

So läßt die Lektüre der Gedichte des Autisten Birger Sellin Jugendlichen ihre eigene Ängste auf indirekte Weise thematisieren um so mögliche Auswege zu erkennen. Die dort in Gedichtform geschilderte Angst ist Ausdruck für Menschen, denen Selbstwertgefühl und Vertrauen in ihre Umwelt fehlen und die daher die Einsamkeit suchen[21]. Hier werden Erfahrungen beschrieben, die an die Situation in der Platonischen Höhle aber auch in der ägyptischen Gefangenschaft oder in der schuldhaften Verstrickung der Sündenvorstellung erinnern. Diese Erfahrungen finden sich ansatzweise in vielen Schülerbiographien, auch wenn sie sich weniger spektakulär äußern. Die Gedichte verraten ein deutliches Transzendenzbedürfnis und bieten genügend pädagogische Anknüpfungsmöglichkeiten. Auch viele nichtautistische Jugendliche wollen ihren eigenen Weg finden. Gefangen in ihrer Angst, empfinden sie ihre Welt wie ein Gefängnis. Auf ihrer Suche nach Erlösung treffen die Jugendlichen vorgeprägte Wege in der Tradition, die sie für die eigene Situation adaptieren können.

---

21 Sellin:
„sie sind gefangen in ihrer angst
und süß ist für besonders ängstliche menschen
die geliebte einsamkeit eine einsamkeit
ohne unausgesetzt forderungen auf dieser erde erfüllen zu müssen."
"tastend werde ich den weg aus der außermichwelt finden
ich entdecke immer ausgesuchte wege uferahnende inseln"
"in allem liegt ein keim hoffnung
eine einfache alte sichtweise
ein auspersonengehen
eine kiste aus der ich auferstehe
das wäre ein traum wie alle ihn träumen"

## 1.6. "Erlösungspädagogik" in der Schule

Die Diskussion um ein Schulprofil, in der es z. B. um "Spiritualität und Weltverantwortung in einer von Christen gestalteten Schule"[22] geht, verweist auf ihre Weise auf die Möglichkeit einer befreiend erlebten spirituellen Erziehung. In einer solchen Schule kann Spiritualiät als eine Einstellung und Lebenspraxis erfahrbar werden, in der Gottes Geist in der Ordnung des eigenen Lebens Raum gegeben wird, so daß er ständig erneuernd wirksam sein kann und so auch zu einer inhaltlich gefüllten Weltverantwortung führen kann. Hinzu kommt, daß Religion für den Einzelnen wie für die Gesellschaft immer mehr als kulturelle bzw. biographische Lebenshilfe wichtig wird[23]. Hierzu gehört ein ganzheitliches Repertoire von spirituellen Handlungsformen. Der Begriff "spirituell" besteht dabei nicht nur in geistigen Aktionen, sondern es geht auch um körperliche Haltungen und Bewegungen als methodische Instrumente, die für die Arbeit im Bereich von Frömmigkeit und Kult tauglich sind. Frömmigkeit wird so zur Mystagogik und damit zu einer "Technik" der Gottesbegegnung[24], die allerdings auch die Anfechtung und die Grenzerfahrung kennt. Auch wenn durch Bibellektüre allein nicht immer innere Blockaden abgebaut werden können[25], dient ein solcher Unterricht dennoch zur Lebenshilfe, Einladung zum Experiment und zur individuellen und kollektiven Initiation[26]. Ziel ist die ganzheitliche Behandlung des Menschen. Unterricht in der Religion umfaßt immer die Ausrichtung der Person auf die göttliche Macht und die Wirklichkeit, der alle Handlungen gelten. Um den Wert einer solchen Orientierung zu illustrieren, hilft die Auseinandersetzung mit historischen Beispielen und Vorbildern. Sie ist zudem als Horizonterweiterung von großer Bedeutung[27].

---

22 So nach dem gleichnamigen Referat von G. Böhm (s.Anm.6.), dem die folgenden Gedanken zur Schule entnommen sind.

23 Auf die wichtige Begleiterrolle des Religionsunterrichts bei der Orientierungssuche Jugendlicher weisen auch die Richtlinien (Gymnasium Sek I NRW ev. Religionslehre) hin, die darüber hinaus die gesellschaftliche Verantwortung im Prozeß altersgemäßer, werteorientierter, ganzheitlicher, personaler, sozialer und fachlicher Bildung im "Lern- und Lebensraum Schule" betonen. Zu der Trias "Erfahren, Verstehen und Handeln" tritt im Religionsunterricht noch der Gedanke der Toleranz und Konziliarität hinzu.

24 Vgl. Josuttis 9/31.

25 Vgl. ders.105.

26 Vgl. ders.140f.

27 Vgl. Steffensky 16, der diese Feststellung vor allem an Franz von Assisi verdeutlicht. Außerdem läßt sich hier an die reiche Exemplaliteratur bei Cicero, Quintilian, Valerius und Radulfus Tortarius sowie an die platonisierende Dichtung des 12.Jh. denken (vgl.Curtius 69ff.). Auch das beliebte allegorische Motiv vom "Knaben auf den Schultern eines Riesen" läßt sich in diesem Zusammenhang anführen.

Das wird vor allem von der Symboldidaktik betont[28]: Angesichts des Verlusts von Ganzheit und Lebenssinn durch Intellektualisierung in unserer Kultur machen die Symbole ein umfassendes Angebot zur Lösung der Sinnfrage. Will die Didaktik hierfür die angemessenen Bedingungen bereitstellen, darf sie sich nicht an einer konflikt- oder problemorientierten Verengung beteiligen, sondern muß den praktischen Umgang mit ganzheitlichen Sichtweisen einüben. Hier hilft die ganzheitliche Wahrnehmung und Interpretation von Metaphern, Bildern und Symbolen.

Daß es sich dabei nicht unbedingt um tatsächliche Gegenstände oder Bilder handeln muß, sondern es auch Sprachbilder sein können, zeigt sich z.B. an den Psalmen, die eine Fülle solcher Metaphern bieten. Ähnlich wie bereits bei den Kirchenvätern die Psalmen als "spirituelle Stufenleiter" interpretiert wurden[29], bieten sie auch in der Gegenwart Identifikationsmöglichkeiten für die eigene Entwicklung[30]. Damit ermöglichen sie auf elementare Weise eine emotionale Erziehung, indem sie sprachfähig machen. Insbesondere gilt das für das Motiv der Erlösung aus Angst und Schuld. Sowohl die Klage- als auch die Lobpsalmen berichten von entsprechenden Erfahrungen[31]. Exemplarisch sei hier auf die Psalmen 30 und 31 verwiesen. Dort heißt es:

"Ich preise dich, Herr; denn du hast mich aus der Tiefe gezogen und lässest meine Feinde sich nicht über mich freuen. Herr, mein Gott, als ich schrie zu dir, da machtest du mich gesund. Herr, du hast mich von den Toten heraufgeholt; du hast mich am Leben erhalten, aber sie mußten in die Grube fahren" (30,2-4).-

"Du wollest mich aus dem Netze ziehen, das sie mir heimlich stellten; denn du bist meine Stärke. In deine Hände befehle ich meinen Geist; du hast mich erlöst, Herr du treuer Gott. Ich hasse, die sich halten an nichtige Götzen; ich aber hoffe auf den Herrn." (31,5-7).

---

28 Hier ist vor allem Halbfas zu erwähnen, der im Gegensatz zum wirkungsorientierten bzw. symbolkritischen Ansatz von Spiegel die Symbole als zentrale „Urbilder" begreift.
29 Vgl. z.B. Basilius' Kommentar zum 1. Psalm
30 Vgl. Baldermann 26-68
31 Vgl. ders. a.a.O.

Hier ist von Erfahrungen die Rede, die, wie die anfangs zitierten Lieder zeigen, auch modernen Jugendlichen zumindest ansatzweise vermittelt werden können. Dazu gehört das Gefühl von Gefangenschaft ebenso wie das Bewußtsein, bislang toten Götzen gedient zu haben, jetzt aber verläßliches Vertrauen zu haben. Damit geben die Psalmen, ähnlich wie die Exoduserzählung oder Heilungsgeschichten Gelegenheit zur kreativen Auseinandersetzung mit der eigenen Transzendenz und Spiritualität.

Diese erzieherische Skizze spiritueller Bedürfnisse, die unschwer noch beliebig zu erweitern wäre, zeigt, wie wichtig spirituelle Erziehung angesichts der heutigen Situation Jugendlicher ist.

## 1.7. Die Forschungslage

Daß der Begriff der Erlösung gerade auch in der Religionspädagogik von Bedeutung ist, zeigen verschiedene Arbeiten, die dieses Motiv allerdings christologisch verengen. So geht es Bitter in seiner umfangreichen Analyse der Soteriologie in unterschiedlichen erzieherischen Werken um eine künftige Soteriologiedidaktik innerhalb der Sinnfrage. Anhand von Katechismen, Lehrplänen und Unterrichtsmodellen (Sek I) aus der Zeit zwischen 1955 und 1974 geht er der Frage nach, wie der Suche nach Erlösung pädagogisch begegnet wurde bzw. besser begegnet werden kann. Er stellt fest (221), daß die Erlösungstheologie und Soteriologiedidaktik jahrhundertelang stagnierten und erst seit 1930 in Bewegung gekommen sei, wobei jedoch bis in die 60er Jahre noch der Dualismus von Glaube und Welt vertreten wurde. Dabei müsse man zwischen einer anabatisch -satisfaktorischen und einer katabatisch -inkarnatorischen Soteriologie unterscheiden[32]

Auch andere Autoren weisen auf die geschichtliche Bedeutung der Erlösungsthematik hin. So beschäftigt sich Greshake mit dem "Wandel der Erlösungsvorstellungen in der Theologiegeschichte" und versucht eine geschichtliche Typologie zu entwickeln[33]. Hierzu gehört die Vorstellung einer paideia Christi in der griechischen Patristik, welche die platonische Vorstellung einer mimesis paradeigmatos, der engen Verzahnung von Urbild und Abbild, aufgreift; auch die ordo -Typologie der westlichen Tradition spielt eine wichtige Rolle, ebenso wie die Emanzipation der Subjektivität in der Neuzeit, die sich in der Aufklärung als Erziehung des Menschengeschlechts durch das Vorbild Christi, im Idealismus als spekultativ -dialektische Einheit von Gott und Mensch und bei Schleiermacher als Gottesbewußtsein des Menschen äußert. Höfer kommt bei seiner Untersuchung zu dem Ergebnis, daß es sich bei der Erlösungsfrage ebenso um ein theologisches wie vor allem um ein allgemeinmenschliches Thema handelt, und deshalb vor allem auch ein Problem der Verkündigung darstellt. Während Kessler in seiner Analyse soteriologischer Konzeptionen deren befreienden Charakter betrachtet, geht es im von Halder herausgegebenen Sammelband darum, neuzeitliches Denken auf seinen Erlösungsaspekt zu befragen.

---

32 Vgl. Bitter 225
33 Vgl. Greshake 69-101. Zu den folgenden Namen vgl. das Literaturverzeichnis.

Auch wenn eine eingehende erzieherische Auseinandersetzung mit den Konzepten spiritueller Erziehung fehlt[34], zeigt doch der Blick in die historische Darstellung der Religionspädagogik, daß zumindest von einigen Autoren eine durchgängige Tradtionslinie pädagogischer Ideen von Platon bis in die Gegenwart konstatiert wird. Allerdings geht es hierbei oftmals um institutionelle, curriculare oder technische Fragestellungen, d.h. um die enkyklios paideia, die Propaedeutik, die Rhetorik bzw. Philosophie. Allgemein betrachtet überwiegt zudem der geistesgeschichtliche Ansatz, die Pädagogikgeschichte als Teil der Kultur- oder Philosophiegeschichte zu betrachten. Eine Mittelposition nehmen Arbeiten ein, denen es darum geht, den Einfluß frühchristlicher Autoren auf spätere Pädagogen aufzuzeigen. Ähnlich wie Weiss bei den Kappadoziern versucht auch Gierow[35] bei Augustin aufzuzeigen, wie sehr seine pädagogischen Auffassungen die Pädagogik Herbarts beeinflußt haben. Auch ihm geht es dabei primär um geistesgeschichtliche Bezüge, d.h. um Einflüsse auf die Folgezeit[36]. Gleiches gilt für Spezialuntersuchungen und für den Versuch, antike Einflüsse auf die frühchristlichen Autoren aufzuzeigen[37]. Bei der Betrachtung der Darstellungen der Pädagogikgeschichte fällt die Tendenz zu Primärtexten auf, denen im Bereich der ev. Religionspädagogik das mehrbändige Werk von Nipkow und Schweitzer Rechnung trägt. Allerdings liegt hier, ähnlich wie bei der entsprechenden Sammlung von Schoelen zum Mittelalter, der Schwerpunkt eher auf dem institutionellen Aspekt von Erziehung und Bildung.

---

34 Schillings motivgeschichtliche Untersuchung zur Bildungsgeschichte konzentriert sich auf das imago-dei-Motiv. Beinaert beschäftigt sich mit dem Aufstieg als religiösem bzw. archaischem Ritus. Außerdem wird von ihm in diesem Zusammenhang auf das „himmlische Paradies" (Strabo, glossa lib. Gen.2,9) (G.L. 13,86c; Anselm v. C. in Ps 118,4,2 (P.L.5,1307a)) sowie auf die Taufe bzw. die Liturgie als Aufstieg (Ambros.,Exp.Ps.18,16,2; Cyrill v. Jerus., Cat.III,16 (PG 33,448b)) verwiesen. Auch die Jakobsleiter als Symbol für Christi Kreuz (Aphraat, P.Syr.1,46) bzw. als Bild für die humilitas bei Benedikt reg.comment.VII (P.L.66,371b) spielt hier eine wichtige Rolle.
35 Vgl. Eggersdörfer VIII.
36 Vgl. bes. Ballauf/Schaller; Scheuerl; Fischer/Löwisch; Flitner; eher epochenorientiert sind die Darstellungen von Rechtmann und Winkel (s. Literaturverzeichnis).
37 Vgl. z.B. zur Kindheit das Standardwerk von Aries;zur antiken Familienerziehung das von Gärtner. Vgl. zu Platons Einfluß auf Basilius die Ausführungen bei Roggisch, zum kynischen Einfluß auf Gregor von Nazianz diejenigen bei Asmus.

Ähnlich wie bei den im folgenden skizzierten Darstellungen der Pädagogikgeschichte nimmt auch hier die Zeit nach der Reformation den größten Raum ein, während die Pädagogik der ersten Jahrhunderte in der Literatur zumeist unter dem Begriff (Tauf-)-Katechumenat zusammengefaßt oder in Verbindung mit Verkündigung und Mission gebracht wird.

Im Blick auf die Bedeutung spiritueller Erziehung sind neben den einleitend erwähnten didaktischen Überlegungen von Halbfas und Baldermann, die in Lehrbüchern ihren Niederschlag gefunden haben[38], auch Arbeiten von Bedeutung, die sich mit dem Höhlengleichnis unter verschiedenen Aspekten (Philosophie, Psychologie, Didaktik) beschäftigen[39].

Das Gleichnis wird zumeist als Variante zum Sonnen- bzw. Liniengleichnis interpretiert, in welchem der Erkenntnisfortschritt von der sichtbaren zur transzendenten Welt dargestellt wird[40]. Wenn seine Wirkungsgeschichte in den Blick kommt, steht entweder die Frühzeit (Platon bis Arnobius)[41], die mittelalterliche[42] oder moderne Literatur im Mittelpunkt[43]. Das Höhlengleichnis wird darüber hinaus entweder psychoanalytisch[44] oder phaenomenologisch interpretiert[45].

Während das Höhlengleichnis entsprechend der platonischen Intention auch in modernen Pädagogikdarstellungen auftaucht, fehlen entsprechende Hinweise auf die pädagogische Verwendung der Exoduserzählung, auch wenn die Gestalt des Mose durchaus pädagogisch verwendet wurde und wird.

Ähnliches gilt für die reformatorische und pietistische Erkenntnis, daß die Begegnung mit Christus den Menschen von der Sünde zu einem neuen Leben befreit. Sie wird in pädagogischen Darstellungen zumeist als Beleg für fehlende pädagogisch -theoretische Intentionen der Reformatoren und Pietisten angeführt.

---

38 Vgl. das Literaturverzeichnis.
39 Vgl. die Ausführungen auf S. 11 (zu Halbfas, Baldermann) bzw. auf S.20 (zu Findlay, Matin-Deslias und zu den entsprechenden Aufsätzen)
40 Vgl. Gaiser 62
41 Vgl.die Arbeiten von Gaiser und Blumenberg (s. Literaturverzeichnis).
42 Vgl. F.M. Weinberg, the cave, die ihren Schwerpunkt auf die Sagen von Tristan, Parzival oder Artus legt.
43 Vgl. Gaiser 78ff.
44 Vgl. die Arbeit von N.Martin-Deslias (s. Literaturverzeichnis)
45 Vgl. die Arbeiten von J.N. Findlay (s.Literaturverzeichnis)

Ein weiterer, für die vorliegende Fragestellung allerdings weniger bedeutsamer Gesichtspunkt bei der Untersuchung und Darstellung der Pädagogikgeschichte ist neben dem geistesgeschichtlichen der institutionsgeschichtliche bzw. gesellschaftsgeschichtliche Aspekt[46].

Neben diesen, den Gegenwartsaspekt von Pädagogik betonenden Ansätzen gibt es auch solche, die sich ganz bewußt auf die Vergangenheit beschränken[47].

Während eine Fülle von Publikationen sich mit den philosophischen und gesellschaftlichen Aspekten des Höhlengleichnisses beschäftigt, dabei jedoch den erzieherisch -spirituellen weitgehend außer acht läßt, beschäftigen sich nur sehr wenige Autoren mit der Bedeutung der Exodus- bzw. Mosetradition unter erzieherischem Aspekt[48].

Anders als der rein exegetische Aspekt liegt der pädagogische abseits theologischen Denkens. Umgekehrt ist Mose für Erziehungskonzeptionen zu einseitig biblisch fundiert.

Angesichts eines solchen Übergewichts institutions- bzw. ideengeschichtlicher Ansätze ist es verständlich, daß explizit christliche Ansätze zumeist in eine solches Gesamtkonzept integriert werden[49]. Wenn sie isoliert thematisiert werden, dann unter dem Aspekt einer mit dem NT einsetzenden Geschichte der Katechese[50].

---

46 Hier ist z.B. an das Handbuch zur deutschen Bildungsgeschichte zu denken, vor allem aber an seine Erzänzungen: So geht es J. Jacobi in ihrer Neuauflage von H. Weimers Geschichte der Pädagogik um die Verbindung von Erziehungsidealen und schulischer Wirklichkeit, H.E. Tenorth sieht in seiner Pädagogikgeschichte Erziehung als Funktion der Gesellschaft. Auch H. Blankerz sieht die deutsche Bildungsgeschichte als Geschichte der Institutionalisierung von Erziehung.
47 Hier ist vor allem an die Standardwerke von W. Jaeger und H. Marrou zu denken, in denen die Geschichte der Erziehung in die Geistesgeschichte des Altertums und der Spätantike eingebunden ist (s. Literaturverzeichnis).
48 Wenn im folgenden vom Höhlengleichnis, von den in der Höhle Eingeschlossenen oder ähnlichen Begriffen die Rede ist, ist damit das Gleichnis aus Platons „Politeia" (Kap.7) gemeint, in dem Platon den Aufstieg eines Höhlenbewohners aus der Höhle und ihren Schattenspielen hinaus zur Schau der Sonnne als Bild für den Erkenntnisfortschritt durch Erziehung benutzt. Vgl. Kap.2.1. dieser Arbeit.
49 Eine Ausnahme bildet E. Paul, der in seiner „Geschichte der christliche Erziehung" die Auseinandersetzung der frühen Christen mit der antiken Bldung, ihren Umgang mit Kindern in Familie und Gemeinde, das Katechumenat, das Schulwesen, die Erwachsenenbildung sowie Psalmen, Dekalog, Glaubensformeln und Sakramente und ihre pädagogische Verwendung, Augustins Einfluß und die Rolle von Gemeinschaften thematisiert (s. Literaturverzeichnis).
50 Hier ist vor allem an die Darstellung von Läpple zu denken, aber auch an die Spezialuntersuchung von Reile zu Augustins de catichizandis rudibus (s. Literaturverzeichnis).

Die Beiträge zum Höhlengleichnis sind vor allem angesichts des Konsumverhaltens von moderner Gesellschaftskritik geprägt. So geht es Findlay[51] um die Beschreibung der "human cave ", wobei im ersten Teil das Leben in intellektueller und moralischer Gefangenschaft, im zweiten Teil die Teleologie und Entwicklung der Rationalität als allmählicher Aufstieg aus der Höhle im Mittelpunkt steht. Ziel ist es, die Höhle zu reformieren. Anhand der Entwürfe von Descartes, Hume, Anselm, Kant, Meister Eckart und Leibnitz sowie unter Einbeziehung östlicher Religionen (Nirvana) beschreibt er den Weg aus der Zerstreutheit (Höhle) zur Einheit des Denkens ( "mystischer Pol", "noetische Welt") als zunehmende Koordination und Abstraktion von Anschauungen. Martin -Deslias dagegen geht es in ihrer Untersuchung darum, den Höhlenmythos als zentrales Thema des "kollektiven Unbewußten" aufzuzeigen[52]. Dabei behandelt sie parallel die Höhlenträume und -Spiele der individuellen und Menschheits -Frühzeit als archaische Symbole für das ersehnte verlorene Paradies. Diese Grundlage aller Metaphysik sei von Platon in Form eines "Sesam -öffne -dich" stilisiert worden, durch den der Mensch in die Ideenwelt des (kollektiven) Unbewußten eintauchen könne. Durch solche Projektionen sei menschlicher und technischer Fortschritt erst möglich geworden. Außerdem helfe die Ausrichtung an der spirituellen, imaginären Sphäre dem Menschen dabei. Allerdings wird in einzelnen Religionsbüchern die Exoduserzählung, wenn auch nur als Lernstoff, pädagogisch eingesetzt.

Ähnliches gilt für Publikationen über die Erziehungslehre der Reformationszeit und des Pietismus. Abgesehen von einem gelungenen Versuch, den spielerischen Charakter von Luthers Erziehungsvorstellungen aufzuzeigen[53], beschränken sich die Darstellungen seiner etwas mühsam zu erschließenden "Pädagogik" auf den institutionellen Charakter, was Luther mit den übrigen Reformatoren und den Pietisten verbindet.

---

51 Vgl. Findlay (s. Literaturverzeichnis).
52 Vgl. Martin-Deslias (s. Literaturverzeichnis).
53 Vgl. Sander-Gaiser(s. Literaturverzeichnis).

30

### *1.8. Zur Auswahl der Autoren*

Spirituelle Erziehung im abendländischen Kontext läßt sich ansatzweise bereits in der Antike feststellen. Hier ist vor allem an Platon und seine Nachfolger zu denken. Daher soll in einem ersten Schritt seine Konzeption untersucht werden. Im Mittelpunkt steht dabei das Höhlengleichnis als zentrales Erziehungsprogramm.

Als einen ersten Höhepunkt christlichen erzieherischen Handelns und Denkens kann man das 4. Jh. ansehen. Hier wird angesichts der Fragen von Machtausübung auf der einen und von christlicher Demut auf der anderen Seite die besondere Bedeutung spiritueller Erziehung, d.h. die Vermittlung vertiefter Frömmigkeit akut. Da im 4. Jh., der Frühzeit der Staatskirche, die Brüder Basilius von Caesarea und Gregor von Nyssa sowie beider Freund Gregor von Nazianz von wichtiger Bedeutung waren, sollen sie auch in diesen Untersuchungen zunächst im Mittelpunkt stehen. Ihre besondere Rolle in den Auseinandersetzungen um die innere und äußere Gestaltung der Kirche und mit der antiken Tradition zeigt sich daran, daß z.B. Basilius als Klostergründer, sein Bruder als Mystiker und sein Freund als Dichter Berühmtheit erlangten. Sie waren bestrebt, ihre Kirche als Praktiker, Theoretiker und Beobachter vor der Verweltlichung bzw. geistlichen Verarmung zu bewahren. Damit sind sie auch für die Thematik spiritueller Erziehung von herausragender Bedeutung. Ihre Position läßt sich deutlicher herausarbeiten, wenn man sie mit der alexandrinischen Tradition, geprägt von Clemens und Origenes, in Verbindung bringt. Hier zeigen sich vor allem Bedeutung und Einfluß der alexandrinischen Exegese, die sich als allegorisch bezeichnen läßt. Auch sie ist aus erzieherischer Sicht von besonderer Bedeutung. Der Blick auf Augustin, den westlichen Antipoden der Kappadozier, verdeutlicht ein entscheidendes Problem des 4.Jh., nämlich die Notwendigkeit, in Auseinandersetzung mit der Tradition und mit Alternativen den eigenen Weg geistlichen Lebens und Lernens zu finden.

Die Reformationzeit unterscheidet sich von den genannten Epochen dadurch, daß hier, ähnlich wie später in der Dialektischen Theologie, eine deutliche Abwehr gegenüber vermeintlich synergistischen Tendenzen spürbar ist.

August Hermann Francke als Hauptvertreter des klassischen pädagogischen Pietismus zeigt eine ähnliche Ambivalenz zwischen kirchlich -orthodoxer "Hülle" und geistlich - spiritueller "Füllung" und ist daher auch für die pädagogische Fragestellung von Bedeutung. Dem gegenüber nehmen die Wittgensteiner Pietisten eine dezidiertere und radikalere Position ein, die sich auch in ihrem pädagogischen Denken und Handeln ausdrückt.

Die moderne Diskussion soll vor allem an Texten von Dietrich Bonhoeffer und Ernst Lange behandelt werden, da jede dieser Persönlichkeiten für eine eigenständige Form spiritueller Erziehung als Erlösung steht, sie miteinander jedoch das Anliegen einer "theozentrischen Emanzipation" teilen.

## 2 Untersuchungen

### 2.1. Erlösung aus der Schattenhöhle: Spirituelle Erziehung in der Antike

#### 2.1.1 Vorbemerkungen

Auch wenn es, wie die entsprechenden Darstellungen zeigen, zu allen Zeiten und in allen Kulturen Bildung und Erziehung gab, setzte eine systematische pädagogische Reflexion und Konzeption erst mit der Entdeckung der Kindheit und ihres eigenen Wertes in der Aufklärung ein, während die vorangehenden Modelle (höfische, Epheben-, Novizen-, Schul- und Hochschulbildung und –erziehung) ähnlich im kulturgeschichtlichen Kontext befangen waren wie auch ihr jeweiliges Ideal . Im folgenden soll jedoch über diese traditionelle Sicht hinaus gezeigt werden, daß erzieherisches Denken, ganzheitlich verstanden, nicht erst mit der Entdeckung des Kindes und der autonomen Vernunft in der Aufklärung, sondern bereits in den Überlegungen der antiken Philosophen einsetzt. Hierbei spielt vor allem Platon eine wichtige Rolle, der sich wiederum mit den homerisch -spartanischen Erziehungswurzeln und mit den konkurrierenden Modellen der Sophisten und des Isokrates auseinanderzusetzen hatte, dessen Auffassungen durch Sokrates geprägt und durch weitere Philosophen fortgeführt und modifiziert wurden.

Die Auffassung einer ganzheitlichen allumfassenden Erziehung (enkyklios paideia/ artes liberales), die sowohl musische als auch gymnastische, mathematische, sprachliche und philosophische Elemente umfaßte und im 5.Jh. v.Chr. ihre Wurzeln hatte, gewann zwar über Isokrates, Cicero, Quintilian im Mittelalter und bis in die Neuzeit hinein (Universitäten) großen Einfluß, für die Frage einer spirituellen Erziehung trägt sie jedoch, ähnlich wie das militärisch geprägte Konzept der spartanischen Ephebie, kaum bei, so daß sich die folgenden Untersuchungen vor allem dem platonischen Modell widmen, das sich durch seinen metaphysisch -spirituellen Hintergrund auszeichnet. Zudem greift es wichtige Aspekte der übrigen antiken, vor allem homerisch-frühzeitlichen Erziehungsgedanken auf, wie denjenigen des Vorbildes oder den der ganzheitlichen Ausbildung leib -seelischer Anlagen als Erziehungsziel. Auch die von Aristoteles betonte Trias von Anlage, Lernen und Übung findet sich bereits bei Platon, ähnlich wie die in Sparta zentrale politische, d.h. auf die polis bezogene Bedeutung von Erziehung und Bildung und die enge Verbindung von vita contemplativa und vita activa. Die von den Sophisten in Rhapsodentradition bevorzugte Auffassung vom Wort als Waffe, mit der man mehr scheinen als sein könne, wird allerdings von ihm vor dem Hintergrund seiner philosophisch -spirituellen Ausrichtung abgelehnt. Demgegenüber übernahm er die Auffassung seines Lehrers Sokrates, daß sittliches Handeln als Lebensziel herstellbar, "bildbar" und formbar ist, indem man sein Ideal findet und bildet. Diese Sicht von der Lehrbarkeit der Tugend konnte Platon leicht in die Vorstellung einer transzendenten Ideenwelt integrieren und so zur Praxis die Theorie liefern. Daher sollen im folgenden zentrale Platonische Texte auf ihr Konzept spiritueller Erziehung befragt werden.

## 2.1.2. Zu den Autoren

### 2.1.2.1. Platon

Daß für die Frage nach der Konzeption spiritueller Erziehung in der Antike vor allem Platon im Mittelpunkt steht, hat mehrere Gründe.

Zum einen läßt sich in seinen Dialogen, besonders im "Staat", am deutlichsten eine pädagogische und zugleich spirituelle Konzeption nachweisen. Zum anderen erweisen sich von ihm aus betrachtet die übrigen hellenistischen und römischen Autoren als Vorgänger, Konkurrenten oder Epigonen, auch wenn er, wie gezeigt, manches übernimmt bzw. vorwegnimmt.

Während bei den übrigen pädagogisch interessierten Autoren Aristoteles, Isokrates, Cicero und Quintilian rhetorische Fragen im Mittelpunkt stehen, auch wenn die natur und anlagegemäße Charaktererziehung damit verbunden ist, gilt Platons "Höhlengleichnis" als zentrales Modell für Erziehung im engeren Sinne in der Antike[54]. Anders als bei den Vorstellungen einer unterirdischen Totenhöhle bei Homer, Empedokles bzw. Pythagoras[55] interpretiert Platon die sichtbare Welt ähnlich wie später Plotin als Höhle, aus der es in die transzendente Welt zu entfliehen gilt[56]: Menschen sitzen in einer dunklen Höhle und betrachten Schatten von hinter einer Mauer bewegten Gegenständen an der Wand, die sie für Realität halten[57]. Draußen aber wartet die Wirklichkeit, wartet das herrliche Sonnenlicht auf sie. Um jedoch dorthin zu gelangen, ist ein beschwerlicher Aufbruch und Aufstieg nötig, der nicht allen gelingt und darüber hinaus einen Anstoß von außen erfordert[58].

---

54 Vgl. Ballauf 7. Das zeigt sich auch am Stellenwert, den Platon in den Darstellungen der antiken Pädagogikgeschichten (Marrou, Jaeger) gegenüber den eher institutionellen Schilderungen der übrigen Jahrhunderte einnimmt, ebenso wie an seiner Wirkungsgeschichte.
55 Vgl. die Textbeispiele bei Gaiser (s. Literaturverzeichnis).
56 Vgl. Plotin (Enn.IV 8,6,1,33-36) und Porphyrius (de antr. nymph. 9)
57 Vgl. Ballauf 25: Die Menschen sehen im Innerweltlichen nur an, aber nicht ein; zur implizierten Manipulation durch die Sophisten vgl. Fleischer, Manipulation 166f. ; vgl. Platon, Soph.234c: Sophisten zeigen eidola.
58 ders.22 verweist auf die Dialektik vom Verlassen der Welt als Hineinfinden in sie, indem die Eröffnung das Verschlossene als bereits Erschlossenes erschließt. Darüber hinaus sei die Vereinzelung bei der Ab- un Hinwendung aus der Masse heraus ein wichtiges Element der paideia (29)

Ähnlich wie im Lehrgedicht des Parmenides geht es um das Verhältnis von aletheia und doxa. Erst von diesem her wird paideia als Aufstieg verständlich[59]. Im Mittelpunkt seiner "Politeia" beschreibt Platon den Erziehungsweg, den besonders begabte junge Männer im fiktiven Idealstaat auf dem Weg zum Philosophenherrscher zu absolvieren haben.

Dabei sieht er, anders als die Bildungstheorie des 18.Jh. Erziehung nicht als Folge von Anlage und Entwicklung, sondern als Geschenk und Führung an[60].

Gemäß der Einteilung des parallel zu den Seelenteilen geformten Ständestaates, in dem jeder das seine tut, gliedert sich auch sein Erziehungspogramm: Während die Arbeiter, mit der Begierde der Seele identifiziert, keiner besonderen Ausbildung bedürfen, widmet er sich ausführlich der musisch -gymnastischen Ausbildung der tapferen, in völliger Gleichberechtigung sowie in Güter-, Frauen- und Kindergemeinschaft lebenden Wächter. Dabei kommt es Platon auch auf die Auswahl von literarischen Lerninhalten an. Vor allem aber geht es ihm um die Erziehung der Wächterelite zu Herrschern und Philosophen. Hier, im Zentrum des Werks, beschreibt Platon in einer das Gesamtwerk prägenden Ringkomposition anhand dreier Gleichnisse (Sonnen-, Linien- und Höhlengleichnis) das transzendente Ziel, die hierarchische Struktur und den beschwerlichen Weg der Erziehung.

Das "Höhlengleichnis" selbst beschreibt zunächst das Leben der Durchschnittsmenschen. Sie sehen nicht das Leben selbst, sondern nur Schattenbilder von künstlichen Figuren. Dabei hören sie das Echo der Puppenspieler, die hinter ihnen ihre Figuren im Schein eines Feuers Schattenspiele veranstalten lassen. Da die Menschen jedoch äußerlich und innerlich auf die Höhlenwand fixiert sind, halten sie das dort Gesehene für das einzig Wirkliche. Nur wer befreit wird und dann den Weg nach oben wagt, kann zunächst das Feuer, dann den Widerschein der Sonne und schließlich die Sonne selbst erkennen. Dieses Gleichnis wird von Platon selbst als Bild für den Bildungsgang interpretiert. Das "Höhlengleichnis" und die mit ihm verbundene Weg- bzw. Erlösungsvorstellung ist also sowohl in eine umfassende pädagogische wie auch staatspolitische Konzeption eingebunden. Zentrales Motiv dieses Gleichnisses ist das des Aufstiegs aus einer materialistischen zu einer transzendenten Ausrichtung. Auch die umgangssprachliche Weltdeutung gebraucht ähnliche Bilder.

---

59 Vgl. ders.42-46.
60 Vgl. Ballauf 17.

Gleiches gilt für den Gegensatz von Licht und Schatten und für den mühevollen, von Blendung bestimmten Aufstieg.

In seinem Gleichnis beschreibt Platon zunächst die Situation in der unterirdischen Höhle mit einem einzigen Zugang zum Tageslicht hinauf, so groß wie die ganze Höhle. In dieser Höhle leben die Menschen von Kind auf, gefesselt an Schenkeln und Nacken, so daß sie an Ort und Stelle bleiben, immer nur geradeaus schauen und den Kopf nicht herumdrehen können. Licht erhalten sie von einem Feuer hinter ihnen oben in der Ferne. Zwischen dem Feuer und den Gefesselten führt oben ein Weg, an dem eine kleine Mauer wie eine Bühnengrenze errichtet ist. Längs dieser kleinen Mauer tragen Menschen allerhand Geräte vorüber, die über die Mauer hinausragen, Statuen von Menschen und anderen Lebewesen aus Stein und aus Holz und in vielfältiger Ausführung. Ein Teil dieser Träger redet dabei, ein anderer schweigt. Wie Platon weiter erläutert, können die Eingeschlossenen nur Schattenspiele und Echos wahrnehmen, die sie allerdings mangels Vergleichsmaterials für tatsächlich existierend halten. Selbst wenn einer von ihnen sich umdrehen könnte, würde er, vom Licht geblendet, das bisher Gesehene für wahrer halten als das nun Geschaute. Die schmerzhafte Blendung würde mit jedem Schritt, vom Feuer über das Tageslicht bis zur Sonne selbst immer mehr zunehmen, so daß er zunächst nichts erkennen könnte. Daraus folgert Platon, der Aufsteigende müsse sich allmählich an das Sehen gewöhnen. Zuerst würde er am leichtesten die Schatten erkennen, dann die Spiegelbilder der Menschen und die der andern Gegenstände im Wasser und dann erst sie selbst. Daraufhin könnte er dann das betrachten, was am Himmel ist, und den Himmel selbst, und zwar leichter bei Nacht, indem er zu den Sternen und zum Mond aufblickt, als am Tage beim Blick zur Sonne und zu ihrem Licht. Zuletzt aber würde er die Sonne selbst und nicht ihre Spiegelbilder im Wasser oder anderswo an ihrem eigenen Platz ansehen und sie so betrachten können, wie sie wirklich ist. Nachdem er die Quelle allen Seins erkannt habe, so Platon, hätte dieser Mensch große Schwierigkeiten, sich nach seiner Rückkehr wieder in der Höhle zurechtzufinden, ja, er müsse sogar, ähnlich wie Sokrates mit dem Haß und der tödlichen Feindschaft der Höhlenbewohner seinem e(mpo)rziehenden Anliegen gegenüber rechnen.

Platon selbst deutet sein Gleichnis im Anschluß an dessen Darstellung erkenntnistheoretisch, indem er auf den Kontext seiner Ausführungen verweist: Wer den Weg hinauf und die Schau der Oberwelt als Aufstieg der Seele zur Welt des Denkbaren interpretiere, liege damit genau richtig. Damit spielt er auf den in anderen Gleichnissen beschriebenen Erkenntnisfortschritt an: Sowohl das Höhlen- als auch das Sonnen- und das Liniengleichnis des "Staates" kennzeichnen den stufenweisen Übergang von der materiellen in die transzendente Welt, wobei das summum bonum in Gestalt der Idee des Guten jeweils durch die Sonne symbolisiert wird, der gegenüber die sichtbare Materie nur Schattenwert besitzt. Diese Metaphorik ist im Zusammenhang mit der Philosophen- bzw. Herrschererziehung zu sehen, die den Höhepunkt des Erziehungsprogramms bildet. Das Gleichnis kann daher auch als Auseinandersetzung mit der sophistischen "Qualifikationsoffensive" pädagogisch interpretiert werden.

Während diese Sicht eines stufenweisen Aufstiegs der Seele durch entsprechende Ausbildung bei Platon noch in die Gemeinschaft des Staates eingebunden ist, wird sie im Neuplatonismus individualistisch verengt. Ziel ist hier das tugendhafte, an transzendenten Werten orientierte Leben. Erziehung ist somit eine Um-/Ab-/Hinwendung des Einzelnen als wiederholbares, unmeßbares, plötzliches Alltagsereignis[61]. Auch wenn Platon in seinem Gleichnis über Details der Wegvorbereitung schweigt und nur von einer "Umkehr" des Gefesselten spricht, läßt sich dennoch am Kontext des Gleichnisses und seiner Wirkungsgeschichte eine "Wegplanung" in Gestalt eines methodischen Erkenntnisfortschritts ablesen. Sichtbarer Ausdruck dieses Plans ist vor allem das Liniengleichnis. Hier wird der Weg vom bloßen Vermuten über das Erkennen und Wissen bis zur Ideenschau illustriert. Daß dieser auf methodische Weise zu erreichen ist, verdeutlicht Platon an der Fragetechnik seines Lehrers in weiteren Dialogen. Das gilt z.B. für den Dialog "Symposium ", in dem Sokrates eine Rede der Priesterin Diotima über den Eros zitiert und damit zugleich das Platonische Programm einer Erziehung zur Ideenschau skizziert: Nachdem sie den menschlichen Drang nach Unsterblichkeit beschrieben hatte, der die Menschen zur Zeugung leiblicher oder geistiger "Nachkommenschaft" antreibt, kommt sie auf den Stufenweg des Eros zu sprechen: Diotima spricht von "erotischen Mysterien ", in die Sokrates eingeweiht werden soll, auch wenn die letzten Weihen und die höchste Schau äußerst schwer zu erreichen seien.

---

61 Vgl. Ballauf 33-35.

Um den richtigen Weg zu gehen, müsse man in seiner Jugend unter Anleitung damit anfangen, schöne Leiber zu lieben, dann aber die Schönheit in den Seelen für noch kostbarer zu halten als die im Leibe. Nach den Gegenständen solle man auch die Wissenschaften, zunächst einzeln, dann als Gesamtheit schätzen, bis man zur Vollendung in der Liebeskunst kommt und als Ziel des Weges ein gänzlich Schönes von erstaunlicher unvergänglicher Natur erblickt. Dieser Weg wird von den Gleichnissen wieder aufgegriffen. Zugleich wird hieran die enge Verbindung von Erkenntnis und Ethik bei Platon deutlich. Daß das Bild vom spirituellen Aufstieg aus einer Höhle für die antike Erziehung das zentrale Konzept darstellt, läßt sich auch an der Person des Sokrates und seiner "Pädagogik" erkennen:

Die Sokratische "Hebammenkunst" ist von dem Anliegen geprägt, die Vorläufigkeit allen menschlichen Wissens aufzuzeigen und so in eine heilsame, d.h. neues Fragen provozierende Aporie zu führen. Wie das Schicksal des zum Tode verurteilten Sokrates zeigt, beinhaltet ein solches Anliegen auch ein erhebliches Risiko. Die Gründe hierfür lassen sich an Platons Frühdialogen, vor allem an der "Apologie" ablesen, wo Sokrates' Auseinandersetzung mit dem technologischen Erziehungsbegriff der Sophisten geschildert wird.

Bereits im "Laches" geht es nicht allein um die Definition der Tapferkeit, sondern zugleich auch um Erziehungsprobleme:

Lysimaches, Melesias, Nikias und Laches, vier angesehene Militärs, unterhalten sich auf einem Athener Turnplatz anläßlich eines Fechtkampfes über die angemessene Erziehung ihrer Söhne, vor allem über den erzieherischen Wert des Fechtens. Als Sokrates zu ihnen stößt, entwickelt sich ein "mäeutisches" Gespräch: Sokrates macht seinen Partnern deutlich, daß es vor allem auf den Sachverstand des Ratgebers ankommt, wenn man aus seinen Kindern bessere Menschen machen möchte. Auf diese Weise ist aus einer konkreten Anfrage eine philosophische Erörterung über die Tugenden geworden und zugleich aus einer Unterhaltung über Jugenderziehung ein erwachsenenpädagogisches Gespräch. Ähnlich wie der Rückkehrer in die Platonische Höhle animiert auch Sokrates die Gesprächspartner zu einem kritischen Hinterfragen ihrer bisherigen Vorstellungen, indem er vom konkreten Fall, vergleichbar den bloßen Schatten, abstrahiert und auf das Absolute und Transzendente zielt, also aus der "Höhle" bloßen Alltagswissens (Kampf, Krieg) hinausführen will.

Indem er auf auf dialektische Weise den anderen dazu bringt, sowohl das vernünftige als auch das unvernünftige Ausharren als Tapferkeit zu bezeichnen bzw. die absolute Tugend, d.h. das Erkennen des Guten und Schlechten zu allen Zeiten als die Einzeltugend Tapferkeit, führt er ihn in eine heilsame Aporie, da eine Definition weder Konträres noch den Teil und das Ganze zusammenfassen darf. Zugleich motiviert Sokrates seine(n) Gesprächspartner jedoch auf diese Weise, sich intensiver mit der Metaebene der allgemeinen Tugendbegriffe zu beschäftigen und so immer weiter aus der "Höhle" der Alltagsanschauungen und –begriffe auszubrechen.

Auch im "Charmides" wählt Sokrates einen ähnlichen "didaktischen" Weg, indem er Charmides, der zunächst nur von Kopfschmerzen geheilt werden will, auf den angeblich von einem Thraker übernommenen Grundsatz der ganzheitlichen Heilung aufmerksam macht. Auch hier wird etwas von dem Ansatz des "Höhlengleichnisses" deutlich, wo ebenfalls eine ganzheitliche Sichtweise aus dem Schattendasein der konkreten Alltagsprobleme herausführt. Ähnlich wie im "Laches" führt der Weg dorthin ebenfalls über Definitionsversuche, in diesem Fall der Besonnenheit. Auch hier sieht sich Sokrates' Gesprächspartner in der Aporie, einander Konträres in die Definition einzubringen (Bedächtigkeit und Schnelligkeit, mit und ohne Scham, das seine tun und das der anderen, Gutes tun mit und ohne Selbsterkenntnis).

Auch in diesem Dialog versucht Sokrates, auf dem Wege der Aporie im Konkreten auf die Metaebene aufmerksam zu machen. So ergibt sich aus dem bisherigen Argumentationsgang, daß die Besonnenheit im Gegensatz zu den Einzelkünsten ein Wissen vom Wissen sein muß, das allerdings keinerlei praktischen Nutzen bedeutet. Auch auf diese Weise wird der Gesprächspartner zur Suche nach dem Allgemeinen und Transzendenten motiviert.

Auch im "Lysis" lassen sich Tendenzen feststellen, die im Höhlengleichnis ihre Ausdeutung gefunden haben. Das betrifft bereits das "Bühnenbild", einen umschlossenen Platz gegenüber einer Mauer mit einer offenen Tür. Dort verfassen Jünglinge zum Zeitvertreib Liebesgedichte. Damit ist bereits das Gesprächsthema "Liebe" vorgegeben, das von der erzieherischen Elternliebe zum Verhältnis zwischen Freunden reicht, bei dem nicht leicht zu entscheiden ist, wer wessen Freund ist, der Liebende der des Geliebten oder umgekehrt, zumal wenn Haß und Eifersucht im Spiel sind. Auch hier gerät Sokrates' Gesprächspartner in eine Aporie, indem er zugeben muß, daß sich weder gleich und gleich gern gesellen noch sich Gegensätze anziehen.

Somit ist allein dem Guten freundlich, was weder gut noch schlecht ist. Im Umkehrschluß suchen, so Sokrates, nur diejenigen nach der Weisheit, die wie er selbst wissen, daß sie nichts wissen, also weder wissend noch dumm sind.

Hieraus folgert Sokrates, daß es nicht auf die Mittel, sondern allein auf den Zweck ankommt, um dessentwillen man etwas liebt. Damit hat er seinen Gesprächspartner wiederum aus den Alltagserfahrungen auf eine Metaebene, also gewissermaßen aus der Schattenhöhle herausgeführt. Um das zu unterstreichen, verdeutlicht Sokrates noch einmal seine Auffassung, daß zur Liebe eine gewisse Vertrautheit, d.h. eine innere Verwandschaft bestehen muß. Auch wenn er es nicht expliziert, meint er damit sicherlich auch die Erkenntnisgegenstände. Damit bewegt er sich bereits in diesen Frühdialogen ganz im Rahmen der Platonischen Ideen- und Anamnesislehre und illustriert auch an diesem Beispiel, was später im "Staat" mit seinem "Höhlengleichnis" systematisiert wird.

Im "Hippias maior" stehen sich die beiden Protagonisten der unterschiedlichen Erziehungsprogramme gegenüber, der "Höhlenrückkehrer" Sokrates und der "Schattenspieler" Hippias. Das Gespräch dreht sich um die gesellschaftspolitische Verantwortung des Erziehers. Durch die einleitenden Komplimente über den Fortschritt der sophistischen Kunst, die Privates und öffentliches Auftreten gleichermaßen beherrsche, weckt Sokrates bei Hippias den Stolz auf seine Honorare als Beweis seiner Kunst. Dann aber macht er ihn auf die Ausnahmerolle Spartas aufmerksam, deren Bewohner ihre Kinder nicht von Hippias unterrichten ließen, obwohl sie ihn loben. Als Grund dafür ermittelt Sokrates, daß Hippias schöne Geschichten erzählen kann, was ihn auf die Frage nach dem Schönen schlechthin bringt.

Ähnlich wie die Weisen durch das absolut Weise weise sind und Gutes durch das absolut Gute gut, so auch das Schöne durch das absolut Schöne schön. Somit dürfe man nicht fragen, was schön, sondern was das Schöne sei. An diesem Punkt ist Sokrates wiederum an der Kernstelle der Platonischen Erziehung angelangt, dem Übergang vom "höhlenartigen" Alltagsdenken zum absoluten Denken außerhalb der "Alltagshöhle" durch den Aufstieg zum immer Schöneren und Wahreren.

Indem er aufzeigt, daß das Schöne weder durch das Passende, noch durch das Brauchbare, weder durch das Nützliche noch durch das Gute oder Erfreuliche schön ist, führt Sokrates seinen Gesprächspartner in eine heilsame Aporie.

Ähnlich wie auch in den bisherigen Gesprächen liegt auch hier der einzige Weg aus dieser Verlegenheit heraus in der Annahme einer absoluten Idee, auch wenn der Gesprächsverlauf dem Partner nur eine Ahnung davon vermittelt. Das liegt darin begründet, daß die Gespräche der Frühdialoge, mit Platons Gleichnis gesprochen, innerhalb der Höhle zwischen dem Rückkehrer und den Höhlenbewohnern stattfindet. Das trifft auch für den "Hippias minor" zu, wo es zunächst um den literarischen Vergleich zwischen Odysseus und Achill bzw. zwischen "Odyssee" und "Ilias" geht. Am Beispiel dieser beiden Helden verdeutlicht Sokrates seine Auffassung, daß ein Könner zugleich Lügner und wahrhaftig sein kann. Durch zusätzliche Beispiele aus Sport, Musik und Heilkunst zeigt er darüber hinaus, daß Könnerschaft in absichtlich -systematischem statt in versehentlich -zufälligem Fehlverhalten besteht. Diese Feststellung auf die eigene Seele bezogen, führt wiederum in die Aporie, daß die gerechtere und bessere, d.h. fähigere Seele absichtlich Unrecht tut. Auf diese Weise macht Sokrates seinen Gesprächspartner auf maieutische, d.h. ironisch -dialektische Weise auf die Schattenhaftigkeit der bisherigen Denk- und Vorstellungsweise aufmerksam und öffnet ihn damit zugleich für die Ideenwelt: Nur wer nicht auf bloße Könnerschaft aus ist, sondern sich nach der Idee des Guten ausrichtet, findet zu einer wahrhaft guten Seele. Um Sokrates' Auseinandersetzung mit der "Scheinkunst" der Sophisten geht es auch im "Protagoras". Gleich zu Beginn macht Sokrates seine Ansicht deutlich, daß man im Blick auf die Seelenpflege bzw. Erziehung besonders achtsam sein, und deshalb seine Lehrer und Erzieher aufmerksam prüfen solle.

Daher stellt er sich dem Dialog -Duell mit dem expliziten Sophisten Protagoras, der sich nicht auf eine Fachwissenschaft spezialisiert hat, sondern die politische Tüchtigkeit lehrt. Da diese, wie er am Prometheus -Mythos aufzeigt, im Gegensatz zu den einzelnen Künsten allen Menschen von Zeus zugedacht sei und dem Menschen erst das Überleben ermöglicht, gebühre ihm als ihrem Vermittler auch ein besondes Verdienst. Zudem lasse sich daran, daß man Übeltäter bestrafe die Lehrbarkeit der bürgerlichen Tugend ablesen. Da sich diese Auffassung mit seiner eigenen deckt, diskutiert Sokrates mit Protagoras nicht über die Lehrbarkeit der Tugend, sondern über das dialektische Verhältnis der Einzeltugenden zueinander, sowie, quasi als Exkurs, über den Streit zwischen Pittakos und Simonides darüber, ob es schwerer sei, edel zu sein oder es zu werden. Hier spielt die Flucht des Menschen vor dem Schmerz in die Lust eine wichtige Rolle, die ihn unvernünftig handeln läßt.

Hier heißt es, das jeweils Angenehme und Unangenehme bzw. Erfreuliche und Unerfreuliche gegeneinander abzuwägen und abzumessen, was wiederum ein entsprechendes Können und Wissen voraussetzt. Das verdeutlichen beide am Bespiel von Tapferkeit und Feigheit.

Indem er ironischerweise zunächst von der Nichtlehrbarkeit der Tugend ausgeht, zwingt Sokrates Protagoras zu der Wendung, sie sei kein Wissen. Über die Tugend selbst, so resümmiert Sokrates, habe man jedoch gar nicht richtig gesprochen. Der Sophist wird somit regelrecht vorgeführt und als "Schattenspieler" entlarvt.

Durch diese Hebammenkunst, bei seinen sophistischen Gesprächspartnern Nachdenken über das Wesen der Tugend zu wecken, verdeutlicht Sokrates seine Auffassung, daß Tugend weder eine technische Fertigkeit noch eine Verhaltensweise, sondern eine wertorientierte Haltung ist. Nur wer sich nicht an Traditionen oder Strukturen orientiert, sondern seinen eigenen Idealen folgt, gewinnt wahres Leben. Eine solche Begleitung durch Sokrates läßt sich insofern als "Erlösungspädagogik" charakterisieren, als die Menschen so auf dem Weg über die Aporie von überkommenen, aber weit verbreiteten Vorstellungen zu einer neuen Sichtweise befreit und gewissermaßen von unsichtbaren Fesseln gelöst werden.

Hieran knüpft Platon an, indem er aufzeigt, daß die Vorbilder idealen Lebens in Gestalt transzendenter Ideen durch entsprechende Schulung "wiedererinnert" werden können. Damit geht er "spiritueller" vor als seine Vorgänger in Mykene und Sparta bzw. als seine Nachfolger Isokrates und Aristoteles, denen es vor allem um die Ausgestaltung vorhandener Charakteranlagen ging. Außerdem geht Platon, ähnlich wie bereits Sokrates über die bloße dafür notwendige Begleitung bzw. Hilfe zur Selbsthilfe hinaus, indem die Schüler eines Erlösers bedürfen, der ihnen die Fesseln löst.

Diese Besonderheit soll im folgenden durch den Vergleich mit anderen Autoren näher erläutert und vertieft werden.

## 2.1.2.2. Andere Autoren

Während bei Platon das Höhlengleichnis die Bedeutung der Ideenwelt illustriert, hat nach ihm Aristoteles ein alternatives Modell entwickelt, das durch Cicero und Lukrez überliefert wurde[62]. Hier wird der Schwerpunkt auf das Wohlleben in der Höhle gelegt, in der von Zwang nichts zu spüren ist: Für ihn wohnen (fiktive) Menschen unterirdisch in gut eingerichteten wunderschönen Wohnungen, mit Statuen und Gemälden und mit allem geschmückt, was vermeintlich glückliche Menschen in Fülle besitzen. Obwohl sie noch nie oben waren, hatten sie durch Hörensagen etwas vom Walten einer Gottheit erfahren. Sollten sich irgendwann die Schlünde der Erde öffnen, und sie ihre verborgenen Wohnsitze verlassen und zu bewohnten Städten kommen, plötzlich die Erde, die Meere und den Himmel sehen, den Lauf der Wolken und die Gewalt der Winde, die Sonne, ihre Größe, Schönheit und ihr Wirken, und ebenso den ganzen Himmel mit Sternen geschmückt, und den Lichtwechsel des Mondes sowie den Auf- und Untergang der Gestirne und ihre unveränderlichen Bahnen würden sie gewiß glauben, daß es Götter gibt und daß diese gewaltigen Werke göttlichen Ursprungs sind.

Daneben finden sich auch bei anderen Autoren erzieherische Hinweise auf die Beschwerlichkeit eines (spirituellen) Aufstiegs: Hierzu gehört neben dem Vorbild des Odysseus vor allem die Vorstellung eines steilen Aufstiegs auf dem Tugendweg bei Hesiod oder das Bild von Herakles am Scheideweg bei Prodikos[63]. Die pädagogischen Konzepte der Sophisten bzw. von Isokrates oder Quintilian kommen für die Frage nach spirituellen Erziehungskonzeptionen nicht in Betracht, da sie jeglichen metaphysischen bzw. Transzendenzbezug leugnen und sich auf den technokratischen Bildungsaspekt, d.h. vor allem auf die Vermittlung rhetorischer Fähigkeiten konzentrieren. Gleiches gilt für die erzieherische Funktion der Dichter seit Homer und für das kriegerische Erziehungsideal in der griechischen Frühzeit bzw. für das Rednerideal der römischen Epoche.

---

62 Cic.,de nat. deor.II 37,95; Lukr. II 1023ff.
63 Vgl. Hes., Erga 287ff..

## 2.1.3. Befund

Ein wichtiges Erziehungskonzept in der Antike war das einer Erlösung aus der Höhle der Verblendung angesichts irdischer Gedanken. Es gründet auf der Überzeugung, daß die Wirklichkeit sich im Transzendenten befindet. Zur Erkenntnis dieser Wirklichkeit müssen die Menschen in einer "Initiation" erweckt werden. Der Weg hierzu führt in neuplatonischer wie auch in kynisch -stoischer Tradition über Askese als Entbehrung und Konzentration auf das Wesentliche. Dabei spielt in Platonischer Tradition sowohl die Sokratische "Seelsorge"[64] als auch die seit dem "Staat"[65] zunehmende Tendenz vom Intellektualismus zum Irrationalen eine wichtige Rolle.

Dieses Konzept trat in Konkurrenz zu denjenigen der Sophisten, in dem die Qualifikation von entscheidender Bedeutung war. In Gestalt der Pädagogik des Aristoteles, vor allem aber des Isokrates erwies es sich als dem Platonischen gegenüber durch methodische Instrumentalisierbarkeit überlegen, denn sein rhetorisches Ideal und seine Institutionalisierung der Hochschulbildung wirkte über das mittelalterliche Modell der artes liberales bis in die Gegenwart.

Dennoch bleibt im Blick auf spirituelle Erziehung das Platonische Konzept zentral, da nur hier der transzendente Bezug deutlich wird. Außerdem kann nur hier von einer wirklichen Befreiung bzw. Erlösung des Menschen zu seiner wahren Bestimmung durch die Philosophie die Rede sein, während das Konkurrenzmodell lediglich von einer immanenten Entfaltung vorhandener Fähigkeiten ausgeht.

Welche pädagogische Bedeutung dieses Konzept bis in die Gegenwart hinein besaß und noch besitzt und welches seine Einzelaspekte sind, soll im folgenden dargestellt werden.

---

64 März 140f. vergleicht ihn mit Jesus.
65 Vgl. Rabbow 95.

## 2.1.4. Erzieherische Implikationen

Das Bild der Höhle verweist auf den platonisch -christlichen Dualismus zwischen dem diesseitigen, auf die Befriedigung leiblicher Bedürfnisse und auf die Beherrschung der Welt gerichteten Lebensstil und einem der Suche nach Gott gewidmeten Leben. Diese Dialektik durchzieht mit gewissen Modifikationen die folgenden Epochen: Während zunächst in platonisch -neuplatonischer Tradition eher die Gefangenschaft der Seele im Leib thematisiert wird, deren Erlösung eine Reinigung und Askese erfordert, wird diese Auffassung im Mittelalter erkenntnistheoretisch, in der Reformationszeit dagegen eher ethisch interpretiert: Die Gottesabgeschiedenheit des Menschen zeigt sich zunächst darin, daß er keinen Zugang zur Erkenntnis des Schöpfers gewinnt, später auch darin, daß er ihm nicht die nötige Ehre durch sein Verhalten erweist. Die Höhlenbewohner sind vom Wohlleben in der Höhle geradezu "gefesselt ", d.h. sie genießen es, ohne ihm näher auf den Grund zu gehen. Die Unbeweglichkeit der Eingeschlossenen ist jedoch nicht nur durch das "Gefesseltsein" bestimmt, sondern auch durch das Fixieren auf die "Schattenspiele ". Hiermit wird in platonischer Tradition auch auf das zeitgenössische Erziehungs- und Bildungssystem angespielt, das lediglich bunte Bilder liefert, die mit der inneren, transzendenten Wirklichkeit nichts zu tun haben. Der angenommene Gegenpart wechselt im Laufe der Geschichte: Geht es bei Platon und den Kirchenvätern noch um die Kritik an den Vertretern der sogenannten 1. bzw. 2. Sophistik, wird, wie im folgenden gezeigt, in Mittelalter, Humanismus und Reformationszeit die Scholastik, im Pietismus die lutherische Orthodoxie kritisiert. Daß die Platonischen "Gaukler" ihre "Kunststücke" hinter einer Mauer, anhand von Puppen und mit Hilfe eines Feuers zeigen, läßt sich im Sinne philosophischer Spekulation über Weltmodelle interpretieren. Platons Kritik daran ist wesentlich ausgeprägter als bei Autoren, die ähnlich argumentieren (Basilius, Erasmus). Die Beschreibung einer Erlösung aus der Gefangenschaft menschlicher Sorgen, Wünsche und Selbstbezogenheit hin zu einer vertieften und verantwortungsvollen Wirklichkeitserfahrung prägt auch moderne religionspädagogische Konzeptionen, vor allem von Theologen wie Dietrich Bonhoeffer, denen die Erfahrung geistiger Gefangenschaft, von Transzendenz und von Entwicklung nicht fremd ist. Zugleich erweisen sich die historischen Konzepte als Korrektiv zum neuzeitlichen Konzept des autonomen Individuums bzw. als Anregung für erzieherische Alternativen.

Im Platonischen Höhlengleichnis spielt das Motiv vom Leib als dem Seelengefängnis eine wichtige Rolle. Dieses Verhältnis von Leib und Seele wird nicht nur von Platon im Sinne seiner Anamnesislehre thematisiert, sondern auch von wenigen späteren Autoren, die dieser Tradition bewußt folgen[66].

Der überwiegende Teil der christlichen Autoren dagegen sieht anders als Platon Lernen nicht als "Wiedererinnern" der durch die "Verkörperung" vergessenen Ideenschau, sondern mit der biblischen Tradition als Wiederherstellung der verlorenen imago dei durch Orientierung an Werten und Vorbildern[67]. Die Möglichkeit eines Aufstiegs aus der Höhle ergibt sich aus der inneren Verbindung des Menschen mit der transzendenten Welt. Diese Verbindung wird in den unterschiedlichen Epochen unterschiedlich interpretiert, hat jedoch stets sowohl spirituelle als auch erzieherische Implikationen: Die Selbsterkenntnis, daß der Mensch nicht nur sein Leib ist, ist der erste Schritt zum Aufstieg aus der Höhle.

Diese Erkenntnis führt zu dem bei christlichen Autoren festzustellenden Versuch, die Menschen zu wahren Christen zu erziehen. So sollen nach Erasmus die Kinder durch die philosophischen Regeln aus einer rudis massa zum optimum habitum gebracht werden[68]. Humanistische und christliche Ethik werden dabei miteinander verbunden. Nur wer erkennt, daß er letzlich nichts weiß, daß ihn die Gauklereien der Sophisten nicht weiterbringen, gelangt in den Prozeß des Nachdenkens, der letztlich zu neuen Perspektiven führt. In christlicher Tradition bekommt diese Umkehr als Bußruf einen eminent ethischen Charakter. In der Folgezeit werden christliche und antike Tradition miteinander verbunden, indem mit dem Aufruf zu einer neuen "Sichtweise" stets auch eine neue Lebensweise impliziert wird. Das setzt einen Lehrer voraus, der bereits Kenntnis der anderen Welt hat. Das Motiv des freundschaftlichen Umgangs zwischen Lehrer und Schüler spielt dabei eine wichtige Rolle[69].

---

66 Vgl. z.B. Greg.Naz., or.11.
67 Dabei verwenden z.B. Basilius zu Beginn von "An die Jünglinge" und Erasmus im Enchiridion, das gleiche Hesiodzitat (aus Erga 293-97).
68 Vgl. Stupperich 87f.
69 Ders. 95f. verweist in diesem Zusammenhang auf die Colloquia als Unterrichts- und Lebensbuch, die 1526 von der Sorbonne verurteilt wurden. Außerdem verweist er auf die Freundschaft zu Thomas Morus (97).

Auch im Höhlengleichnis taucht es in Gestalt des äußeren Impulses zum Aufstieg durch einen erfahrenen Lehrer auf. Hier spiegelt sich die "sokratische Methode" wider, deren pädagogisch -didaktischer Einfluß bis in die Gegenwart reicht.

Diese Auffassung läßt sich in den einzelnen Epochen der Religionspädagogik finden, wobei jedoch stets -in unterschiedlicher Intensität -auf Gott als den eigentlichen Impulsgeber verwiesen wird. Mit der Umkehr ist zugleich ein Umdenken verbunden, d.h., der Schüler, Myste, Katechumene oder Gottsucher muß Abschied von bisherigen Anschauungen nehmen und dem bislang geübten Lebensstil reflektierend auf den Grund gehen. Da dieser Grund, d.h. Kern, Inhalt und Wesen von Eindrücken nach platonischer wie christlicher Auffassung, letzlich außerhalb der sichtbaren Welt liegt, bedeutet dieser Umorientierungsprozeß einen beschwerlichen Weg vorbei an den bloß äußerlichen Vorstellungen und Lehren dem Licht der Wahrheit entgegen.

Die Idee des Guten, die bei Platon mit dem Anschauen der Sonne in mehreren Schritten gemeint ist, wird in christlicher Tradition mit Gott identifiziert.

Hier tauchen jedoch innerhalb der einzelnen Beispiele charakteristische Unterschiede auf: Während bei Platon der Eingang zur Höhle so breit wie die Höhle selbst ist und der Wanderer vom Sonnenlicht geblendet wird, betont das NT (Mt 7,13pp) das "enge Tor ". In der von Gregor von Nyssa beeinflußten "Nachtmystik" findet sich darüber hinaus die Auffassung von der Unerkennbarkeit und Unerreichbarkeit Gottes. Seitdem lassen sich in der mystischen Tradition beide Stränge nachvollziehen, der des Lichts und der der Dunkelheit. Hinzu kommt die Vorstellung von vorbereitenden und philosophisch -theologischen Studien als Hilfen auf dem Weg, einer Gefahr von Weggabelungen und von der wichtigen Rolle der Übung und Gewohnheit für die Suche nach Gott und für die Gotteserkenntnis. Neben der Vorstellung einer visio dei bzw. einer unio mystica steht die einer wiederhergestellten imago dei ebenso wie die einer Angleichung an Gott durch die imitatio Christi oder durch die Gebotsbefolgung.

Auch wenn es institutionsgeschichtlich weitgehend ohne weiteren Einfluß war, beeinflußte das Platonische Erziehungskonzept der Erkenntnis des wahren Guten dennoch nicht nur spätantike (Plotin), sondern auch christliche Autoren (Alexandriner, Kappadozier, Mystiker); die Christen grenzten sich allerdings von seinem dualistischen Weltbild ab und ersetzten es durch die Güte Gottes.

Welche Bedeutung das Platonische Konzept für die gegenwärtige religionspädagogische Praxis haben kann, soll im folgenden beleuchtet werden.

## 2.1.5. Erzieherische Konsequenzen

Die Hinweise zur Rezeptionsgeschichte bestätigen, daß das Höhlengleichnis, unabhängig vom jeweiligen historischen Kontext, als eine für die Entwicklung des Menschen zentrale Symbolik und Metaphorik angesehen wurde. In diese Richtung weisen auch eine Reihe von Aufsätzen, in denen das Höhlengleichnis als Unterrichtsstoff für den ersten (akademischen) Zugang zur Philosophie empfohlen wird. Hier geht es z.b. um die filmische Umsetzung des Gleichnisses[70] und um das Bild vom Bergsteigen als Alternativmodell für die seelische Entwicklung[71]. Auch andere Deutungen tauchen auf[72]. Der dramaturgische Charakter des Gleichnisses[73] verleitet zu eigener Kreativität. Diese betrifft z.b. einen eigenen sokratischen Dialog[74] oder die Beschreibung der Höhle als Marx'sche "Camera obscura ", aus der nur eine Revolution Erlösung aus der kapitalistischen Medienwelt bringt[75]. Methodisch ergeben sich hieraus die Forderungen, das Höhlengleichnis im Kontext des Platonischen Werkes zu interpretieren und dabei die eigene Rolle in der Höhle zu reflektieren[76] bzw. anhand von modernen (Kinosaal) oder biblischen (Exodus) Parallelen zu selbständig -entdeckendem Lernen anzuleiten und so die zentrale Rolle der Erlösung als Funktion der Philosophie aufzuzeigen[77]. Was für das akademische Philosophiestudium gilt, läßt sich mutatis mutandis auch für den Religionsunterricht adaptieren. Das gilt vor allem für die Aufgabe, junge Menschen für mögliche Manipulationen durch die Medien zu sensibilisieren.

---

70 Nach Boisvert 49-52 hat der Filmheld in Bertolucci's "The Conformist" sich zugleich mit dem Gleichnis in Studienfragen und mit dem Mussolini-Regime in Karrierefragen auseinander-zusetzen, wobei der Film Licht-Schatten-Effekte einsetzt.

71 Gobar 148-56, beschreibt im Anschluß an Nietzsche und Heidegger diese Alternative zu dem lebensphilosophischen "Leitmotiv" des Aufstiegs aus der Höhle.

72 Außerdem wird auf den unkritischen Empirismus von Anfängern in der Philosophie (Shonsheck, 373-77 sowie auf ihre "Selbstschutz"-Versuche vor den Anfechtungen philosophischen Denkens verwiesen. Shoemaker 235-41 geht hierbei, ähnlich wie Hesiod (Erga 293-97) von drei Lerntypen aus (natürliche Begabung, Belehrung, keins von beiden) und sieht bei vielen Studenten spirituelle "protective-shields" (236f.)

73 Vgl. Howland 32-50

74 Crombie läßt Sokrates in diesem Dialog das Verhältnis von "gerecht" und "bewundernswert" als dasjenige von Realität und Bild beschreiben.

75 Morganreidge 211-14 sieht in dieser "hell- finster"-orientierten Gesellschaftskritik Parallelen zur idealistischen Materialismuskritik bei Platon und Descartes.

76 Robinson 3231f. schlägt didaktisch die Verwendung von Tafelbildern vor. Außerdem sieht er Parallelen zu Descartes, Med.I

77 Vgl.Gold 32f.

Hier ist das Höhlengleichnis mit seiner Kritik am "schönen Schein" von wichtiger Bedeutung, zumal ihm der manchen Schüler zunächst befremdende explizit christliche Charakter fehlt.

Ansatzweise lassen sich auch für die Arbeit mit Kindern in Kindergarten, Kindergottesdienst und Grundschule aus dem Höhlengleichnis, auch wenn es die Erziehung Erwachsener thematisiert, insofern Anregungen ableiten, als auch das kleine Kind mit Hilfe von außen aus einer Schattenwelt geholt werden muß um den "Ernst des Lebens" kennenzulernen. Methodisch läßt sich dieser Schritt durch die Ermöglichung eigener Wirklichkeitserfahrungen fördern.

Ähnliches gilt für die Jugenderziehung in Schule und Kirche. Auch hier kommt es darauf an, den Heranwachsenden eine vertiefte Sicht der Dinge um sie herum zu ermöglichen. Das könnte z.b. in Projekten geschehen, in denen die Jugendlichen sich kritisch mit ihrer eigenen oft allzu unreflektierten Konsumentenrolle auseinandersetzen, z.b. durch die kritische Reflexion über populäre Filme, Musik, Modeströmungen. Ähnlich wie die Eingeschlossenen in der Platonischen Höhle können sie auf diese Weise die Schattenhaftigkeit ihres bisherigen Verhaltens erkennen. Indem sie z.b. bislang nur konsumierte Gewaltszenen als eine Form der Konfliktlösung, Modetendenzen als Ausdruck von Wünschen und die Ideologie hinter Songtexten kennenlernen, wird ihnen die Auseinandersetzung mit Alternativen ermöglicht und so auch der Zugang zu neuen Verhaltensweisen eröffnet.

Vor allem in der Erwachsenenbildung lassen sich Anregungen aus dem Höhlengleichnis umsetzen, da Platon mit diesem die Erziehung zwischen dem 30. Und 50. Lebensjahr umschreibt. Hier ist vor allem das Motiv der Verantwortung wichtig. Anders als bei der Erziehung und Ausbildung von Kindern und Jugendlichen sollen Erwachsene Anregungen für den Einsatz bzw. die Umsetzung ihrer Qualifikationen bekommen. Das könnte z.b. dadurch geschehen, daß sie sich mit ihrer Elternrolle auseinandersetzen oder ihre eigenen Vorstellungen und Ansichten zu artikulieren und zu vermitteln lernen.

Im folgenden soll aufgezeigt werden, wie die biblische und (früh)christliche Tradition diese Konzeption adaptierte.

## 2.2. Die Erlösung aus dem ägyptischen Reichtum: Spirituelle Erziehung in der frühen Kirche

### 2.2.1. Vorbemerkungen

Während in der Antike die Erziehung sich als "Erlösungspädagogik" am Höhlengleichnis orientiert, modifiziert es die christliche Tradition in charakteristischer Weise, indem sie an die Erzählung von der Erlösung Israels aus Ägypten anknüpft. Die christliche Erziehung distanziert sich jedoch trotz einer gewissen Adaption auch von der Tradition: So liegt ihr Vorbild, nach dem der Mensch geformt und gebildet wird, nicht im Menschen oder seinem gesellschaftlichen Umfeld begründet, sondern ist von außen durch die Offenbarung vorgegeben[78]. Das Christentum muß aber in dieser Zeit unter den Herausforderungen leben, die durch das Fortwirken der antiken Tradition in der vorliegenden Literatur wie auch in den philosophischen Schulen gegeben sind[79].

In christlicher Tradition spielt besonders die zunehmend christologisch gedeutete (Hebr.1,3) imago dei -Lehre (Gen. 1,26) eine Rolle[80]. Erziehung wird so zu einer "Hinführung des Menschen zu Gott durch den "Pädagogen" Christus und durch die formende Kraft des Geistes "[81].

Im folgenden soll nach einem Blick auf den biblischen Befund exemplarisch an einzelnen Autoren aufgezeigt werden, inwieweit im 4. Jahrhundert das Exodus -Motiv aufgegriffen und adaptiert wurde. Die Beschränkung auf das 4.Jh. liegt darin begründet, daß es durch die Konsolidierung der Staatskirche zu einer Dialektik von materieller Macht und mönchischer Machtkritik kam, die sowohl spirituelle als auch erzieherische Aspekte beinhaltet. Beides hat gewichtige pädagogische Implikationen (Katechese und Klostererziehung).

---

78 Zur Anknüpfung der Christen an die antike Erziehung vgl. z.B. Jäger, Bildung. Die Hellenisierungsthese trifft somit nur modifiziert zu.

79 Auch in stoisch-kynischer Tradition läßt sich eine leibfeindliche Verengung, feststellen. Vgl. die Zeugnisse bei Warkotsch.

80 Nach Hauschild, Erziehung 634 ermöglicht diese Neudeutung der imago-dei auf Christus seit dem 3. Jh. die Kombination einer zugleich ethischen und soterio-logischen Bestimmung des Menschen, die zugleich trinitarisch zu interpretieren ist.

81 Vgl. ders. 635.

Das frühchristliche pädagogische Denken ist darüber hinaus zwar sehr stark von antiken Vorbildern geprägt, doch wird im Sinne des Verhältnisses zwischen Schöpfer und Geschöpf und der damit verbundenen Lehre von der zerstörten und durch Christus wiederhergestellten imago dei die Selbsterlösungsfähigkeit des Menschen gegenüber den antiken Modellen stark relativiert[82].

Diese Auffassung wird im 4.Jh., wie vor allem die Alexandriner und Kappadozier belegen, durch platonisch -stoische Vorstellungen von der Gefangen-schaft der Seele im Leib und durch ihre Verunreinigung durch die Leiden-schaften und den Luxus ergänzt. Der Mensch ist zwar einerseits als Vernunftwesen der Tierwelt überlegen, andererseits aber auch in die Welt des Geschöpflichen eingebunden. Er ist somit zugleich von seinem Schöpfer abhängiges Geschöpf und durch seine Vernunft relativ freier Herrscher über die Mitgeschöpfe. Das bedeutet, modern formuliert, daß der Mensch als erziehungsbedürftig und -fähig anzusehen ist. Innerhalb seiner Entwicklung durchläuft er dabei die Stadien des Kleinkindes, des Kindes, des Epheben und jungen Erwachsenen, die eigene Erziehungsformen implizieren.

Im folgenden soll, ausgehend von Autoren des 4.Jh., an zentralen pädagogischen Texten aufgezeigt werden, wie diese Anschauungen über Gott und die Welt in pädagogische Reflexion und Praxis umgesetzt wurden und welche Rolle hierbei das Bild vom Auszug aus Ägypten spielt, das als spiritueller Ansatz gedeutet werden kann. Die biblische Exoduserzählung stellt darüber hinaus eine deutliche "Parallele" zum Höhlengleichnis dar, da es in ihr ebenfalls um eine Erlösung aus Gefangenschaft durch einen Mittler zwischen der transzendenten und der irdischen Welt geht. Auch hier spielen die Motive des äußeren Anstoßes, der Umkehr, des steilen Aufstieges, der Schau und Rückkehr eine wichtige Rolle. Allerdings fällt auf, daß hier, anders als bei Platon, der Aufstieg des Einzelnen und der Menge gewissermaßen zusammenfällt.

An den zentralen theologischen Schulen des 4.Jh. soll im folgenden exemplarisch dargestellt werden, wie die Exoduserzählung erzieherisch verwendet wurde.

Daraus lassen sich zugleich Hinweise für eine praktische Umsetzung in der aktuellen erzieherischen Situation ableiten.

---

82 Nach Berther 8-11 bildet die Kreatürlichkeit das Einheitsprinzip in Basilius' Homilien. Dieses richte sich zum einen gegen die Arianer, zum anderen aber auch gegen den stoischen Pantheismus (ders.2f.). In seiner Schrift "de spiritu sancto" (nach Heb 1,3) sowie in der Korrespondenz (ep.207,4; 290,1; 325,1; 362,1) wird auf das Abbild Gotes verwiesen.

## 2.2.2. Zu den Autoren

### 2.2.2.1. Die biblische Tradition

Ähnlich wie in der antiken Tradition bedeutet Erziehung auch in den biblischen Schriften die Aufgabe, sich unter Anleitung geistlich und moralisch in einem ständigen Kampf gegen die Leidenschaften zu vervollkommnen. Dabei spielt der sittliche Wandel unter Gottes Gebot eine wichtige Rolle[83]. So ist z.B. in Tit. 2,11-15 von der heilsamen Gnade Gottes die Rede, die allen Menschen erschienen sei und sie in Zucht genommen hätte, daß sie dem ungöttlichen Wesen und den weltlichen Begierden absagen und besonnen, gerecht und fromm in dieser Welt leben und auf die selige Hoffnung und Erscheinung der Herrlichkeit des großen Gottes und unseres Heilandes Jesus Christus warten sollten, der die Menschen durch eigene Hingabe von aller Ungerechtigkeit erlöst und sich selbst ein Volk zum Eigentum geheiligt habe, das eifrig wäre zu guten Werken. Der im Brief angesprochene Bischof Titus solle das weitersagen, dazu ermahnen und mit ganzem Ernst zurechtweisen.

Hier wird ein Erziehungsmodell entwickelt, das ganz auf dem Erlösungsgeschehen aufbaut. So wie Christus durch sein Wirken in Leben, Tod und Auferstehung die Menschen bereits erlöst hat, wird dieses Geschehen in der Lehre und Verkündigung und ihrer Aufnahme nachvollzogen:

---

83 Konkordanzanalysen zeigen Parallelen in Ex.18,20; Dt 5,32; Jer.4,18; Hiob 21,3/23,11; Ps.8,22/119,15, Umkehr (Zach.1,4/Jona 3,8-10), Gottes Wegweisung (Ps.19/25/86,1;Kl 1,79, Röm.3,17; 1Kor 12,31; Apg.2,1(/16,17) Gottes Gebot (Mk 12,14; Mt 22,16; 1Kor 4,7; Apg 3,10; 2Petr 2,21; Hebr.3,6. Lehre als Weg (Apg 24,14/19,9.23/22,4/24,22; vgl. Apk Petr./1QS IX 17/CD II 6) Gotttes Heilsplan als Weg (Sph 25,20/18,25f.; Rom 11,33, Apk 15,3). Eine Sonderform stellt in diesem Zusammenhang das Bild von den zwei Wegen dar. Ähnlich wie bereits im AT (Ps 1,6; Spr.4,18f./15,19) werden auch im NT (Mt 7,13) der schwere, aber göttliche Weg und der leichte Weg der Sünde einander kontrastiert, um so zur Frömmigkeit (AT) bzw. Nachfolge (NT) aufzufordern. Zum rechten Weg vgl. a. Herm.6,,2ff.; Barn.18-20; Did.1-6; Herm 3,2,9/7,; Ign. R.9,3. Zur Liebe als Aufstieg vgl. Ign.Eph. 9,1.

Die "erziehende Gnade"[84] befreit die Menschen aus Gottlosigkeit zu einem frommen, auf Glaube, Hoffnung und Liebe ausgerichtetem Leben. Der Bischof als "äußerlicher" Lehrer ist lediglich notwendiges Werkzeug dieser Gnade.[85]

Diese allgemeinen Beobachtungen sollen im folgenden auf ihre pädagogische Bedeutung bzw. Funktion hin untersucht und gleichzeitig von neuplatonischen bzw. gnostischen[86] Auffassungen abgegrenzt werden. Zugleich soll in diesem Zusammenhang das Verhältnis von göttlicher Gnade und menschlichem Handeln geklärt werden. Als alttestamentliches Modell für spirituelle Erziehung das von den Kirchenvätern übernommen wurde, kann die Zusage Jahwes an Israel beim zweiten Bundesschluß in Moab (Deut.30,2) herangezogen werden, wo es heißt: Wenn "du dich bekehrst zu dem Herrn, "... "so wird der Herr, dein Gott, deine Gefangenschaft wenden, und sich deiner erbarmen und dich wieder versammeln aus allen Völkern, unter die dich der Herr, dein Gott, verstreut hat." Diese Zusage, die auch über der Abraham-, Exodus- und Exilsgeschichte steht, verdeutlicht die Stationen der Umkehr, die in Spuren an Platons Höhlengleichnis erinnert. Das gilt vor allem für die Gefangenschaft des Volkes in der Fremde, umgeben, von Schatten- bzw. Götzenbildern, die von der Wahrheit wegführen[87]. In dieser Gefangenschaft ertönt der Ruf zur Umkehr, und es beginnt der beschwerliche Weg, der letzlich zu Gott führt. Der bereits in der Exilzeit, vor allem aber in der Weisheitstradition beginnende Prozeß der pädagogischen Spiritualisierung dieser Vorstellung wird im NT augenfällig:

Hier ist z.B. an das Gleichnis vom verlorenen Sohn (Lk 15)zu denken, wo erst der Ruf des Gewissens zur Umkehr aus den Verblendungen des Alltags befreit, indem er an das Leben beim Vater erinnert. Am deutlichsten wird diese Spiritualisierung bei Paulus (Röm.6-8; 2Kor5), wo die Erlösung aus der Gefangenschaft der irdische Begierden durch Christus angesprochen wird. Ähnlich wie Jesus mit dem erwähnten Gleichnis (und den Heilungen) will auch Paulus durch diese Erlösungsbilder zur Verhaltensänderung ermutigen.

---

84 Vgl. hierzu Niederstrasser, dem es auf die Überwindung der scheinbaren Polarität von Gande und Erziehung ankommt.
85 Dem widerspricht auch Gal 3,24 (Gesetz als Zuchtmeister auf Christus hin) nicht; vgl. ders.
86 Seitenangaben nach Hörmann.
87 Vgl. z.B. auch Jes.59,9f., wo sich das verstoßene Volk wie von Wänden umgeben und in der Finsternis fühlt, dann aber Gottes Einladung hört, mit den Heiden zum Licht aufzubrechen (60,1-4).

Ebenso wird auch im gnostischen Philippos-Evangelium der Weg von Eingeschlossenen durch wertlose Bilder hindurch zum wahren Glanz geschildert[88].

In der Geheimschrift des Johannes antwortet Christus auf die Frage nach dem Schicksal der Agnostiker, der Geist der Nachahmung habe ihre Seelen zu den Werken des
Schlimmen und zum Vergessen gebracht und solange gefesselt, bis sie durch Erkenntnis von der Vergessenheit gerettet würden[89].

Das "Evangelium der Wahrheit" betont, Gott habe durch Christus diejenigen erleuchtet, die sich durch das Vergessen in der Finsternis aufhielten[90].

Während die gnostischen bzw. gnostisierenden Textzeugen die Aufstiegsmetaphorik
vor allem als Erkenntnisfortschritt, also im Sinne des Platonischen Sonnen- bzw.
Liniengleichnisses interpretieren, legen die kirchlich orientierten Texte in Paulinischer
Tradition, wie die starke Betonung des "rechten Weges" zeigt, den Hauptakzent auf die
Verhaltensänderung und betonen in diesem Zusammenhang die Bedeutung der Taufe.[91] Zur Abwehr der gnostisch -neuplatonischen Synergismus- bzw. Selbsterlösungs-
stendenzen legen sie außerdem großen Wert auf die Erlösung durch Gott bzw. Chris-
tus, durch den der "Eingang in das Heiligtum" geöffnet wird und der neue lebendige
"Weg durch den Vorhang" freisteht (Hebr 10,19f).

Als Ausgangspunkt dieser Erlösungsbilder dient, wie die christologischen Allegorien
bei Paulus zeigen, die Erlösung Israels aus Ägypten. Daher soll vor allem dieses Motiv
als biblisches Erziehungsmodell analysiert werden.

Auf dieser Grundlage soll dann untersucht werden, welche Rolle die Exoduserzählung
und die Mosegestalt als Modell bzw. Konzept spiritueller Erziehung bei Theologen des
3./4. Jh. spielte.

---

88 Vgl. Hörmann 30.
89 Vgl. ders.126.
90 Vgl. ders.207. Im Fragment des Valentinos (bei Klemens II 14,3-6) findet sich der Vergleich der
Seele mit einem Wirtshaus, das sich ohne den Wirt in einem desolaten Zustand befindet (ders.226).
Erst wenn der Wirt zurückkommt, wird die Ordnung wiederhergestellt. In der Schrift „über die Psy-
che" (ders.235) findet sich der Vergleich der Seele mit der bekehrten Braut, die ihren Bräutigam im
Brautgemach erwartet und von ihm von dort in sein Reich geführt wird. Im Thomasbuch steht Christi Verheißung an Thomas, er werde die Menschen durch das göttliche Licht zu sich und zu ihrem
wahren Sein führen (ders.253).
91 Zum Motiv des „rechten Weges" vgl. z.B.: Herm 6,1,2ff/3,2,9/7,1; Barn 18-20; Did 1-6; 1Cl
31,1; IgnEph 9,1)

**Die Exoduserzählung als Erziehungsmotiv**

a) Die "ägyptische Höhle" (Ex.1-2/4-11)

Die ersten Kapitel des Exodusbuches beschreiben eine Situation, in der ähnlich wie in der Platonischen Höhle Menschen auf ihre Erlösung warten, ohne sich dessen wirklich bewußt zu sein. Vielmehr haben sie sich trotz der Demütigungen ihrer Sklaverei an die "Fleischtöpfe Ägyptens" so sehr gewöhnt, daß sie sich später in der Wüste dorthin zurücksehnen. Ihr aggressives Murren gegenüber ihrem "Führer" Mose erinnert an das Schicksal des Rückkehrers in die Höhle, als er die Eingeschlossenen befreien will.

Neu gegenüber dem Platonischen Modell ist hier jedoch, daß es im Exodusbuch nicht um das Ausgeliefertsein an "Scheinwissen", sondern an falsche Gottheiten geht. So ist auch nicht das "menschliche Werkzeug", sondern Gott allein der eigentliche Befreier und Erlöser.

b) Der Anstoß zur Umkehr (Ex.3)

Ähnlich wie bei Platon der Zurückkommende erfährt auch Mose den entsprechenden Impuls von außen. In der Begegnung mit dem brennenden Dornbusch wird ihm deutlich, daß es hinter der sichtbaren auch noch eine transzendente Wirklichkeit gibt. Allerdings ist dieser Impuls auch für ihn, wie der brennende Dornbusch vermuten läßt, nicht sehr angenehm. Ähnlich wie der Platonische Rückkehrer fürchtet auch Mose Vermittlungsprobleme gegenüber seinen Mitmenschen. Anders aber als der Platonische Rückkehrer erfährt Mose göttliche Unterstützung. Dabei sind bestimmte wiederkehrerende Rituale von Bedeutung, wie vor allem das Motiv der Schlange zeigt. Diese Zeichen vergegenwärtigen den unsichtbaren Gott und helfen auf dem beschwerlichen Weg. Außerdem spielt das Kampfmotiv eine wichtige Rolle in beiden Fällen: Der "Eingeweihte" hat sich gegenüber den "Eingeschlossenen" wie auch gegen die sophistischen Gaukler durchzusetzen wie auch Mose gegen die ägyptischen Magier wettkämpfen muß und immer wieder Auseinandersetzungen mit seinem murrenden Volk zu bestehen hat. Hierbei kann er sich jedoch auf die Mithilfe Gottes, des eigentlichen Befreiers und Erlösers von falschen Gottheiten verlassen.

## c) Die Wanderung zum gelobten Land (Ex.12-18)

Wie der Platonische Höhlenwanderer haben auch Mose und sein Volk einen beschwerlichen Erlösungsweg vor sich. Dieser weist mehrere Stationen auf, die durch Gefahren, Rückschläge und Widerstände geprägt sind, die es zu überwinden gilt[92]. Hierbei spielt, ähnlich wie bei Platon, der Erkenntnisaspekt eine wichtige Rolle. Während jedoch bei Platon die Erkenntnis durch entsprechende Selbstschulung auf mathematisch -dialektische Weise geschieht, erfahren die Israeliten Gottes Wirken durch sein direktes Eingreifen beim Durchzug durch das Meer, bei der Linderung von Hunger und Durst und beim Sieg über Feinde. Auch hier ist er der eigentliche Erlöser seines Volkes.

## d) Der Ausblick (Ex.19-31)

Der Gottesberg, auf dessen Gipfel Mose Jahwe gegenübersteht, entspricht dem Lichterlebnis des Platonischen Höhlenwanderers. Wie dieser kann auch Mose Gott nicht direkt schauen, sondern ihn nur indirekt wahrnehmen; wie dieser erhält er in der Schau den Auftrag, wieder zurückzukehren.

Anders als bei Platon tritt hier jedoch zum Schauen vor allem das Hören, d.h. das Gehorchen und der dialogische Aspekt. Hierzu gehört die Feststellung, daß sich Gott nicht absolut, sondern in seinem Willen (Dekalog) offenbart, ähnlich wie er es am Horeb in seinem Namen tat (Ex.3). Erlösung findet also als Offenbarung von Zuspruch und Anspruch Gottes statt.

---

92 Ähnlich sieht die Berleburger Bibel gemäß der Ex.-Vorrede in der Wüstenwanderung Israels von Ägypten nach Kanaan den dortigen Himmelsweg der Kirche (nach Aug., ad Honorat., de util. cred.3; Apc.12,13-17). Schließlich gehe es in Ex auch um das wahre, beständige Heiligtum in der Seele. Nach diesem Programm werden die einzelnen Kapitel von Ex. interpretiert.

## e) Die Rückkehr (Ex.32-40)

Wie der Platonische Wanderer muß auch Mose wieder hinunter vom Berg, allerdings nur ins Tal, nicht in die Höhle. Dennoch findet er dort ein ähnliches Treiben vor wie der Platonische Rückkehrer. Den dortigen Schattenbildern entspricht hier das goldene Kalb, das für die göttliche Realität gehalten wird.

### 2.2.2.2. Die Exoduserzählung in Alexandria

Während sich in der biblischen Exoduserzählung spirituelle und erzieherische Elemente nur erahnen lassen, werden sie in den frühchristlichen Interpretationen in den Vordergrund gestellt.

Das soll exemplarisch an drei Werken der alexandrinischen Schule aufgezeigt werden, der es bewußt um eine allegorische Interpretation ging, mit deren Hilfe zum wahren Christentum angeleitet werden sollte.

"Das Leben des Mose" des Philo von Alexandrien sowie die Exodus -Interpretationen von Clemens und Òrigenes zeigen, wie moralisierend und damit erzieherisch die Moseerzählungen gedeutet werden: An ihrer Deutung der Exoduserzählung fällt vor allem der deutliche Vorbildcharakter des Mose als spirituellen Lehrers auf[93]: So setzt sich Clemens in seinem "Paidagogos" mit der Lebensführung der Christen auseinander. Sie verläuft in Stufen und ist vor allem durch Glaubensgehorsam geprägt. Nach christlich -kirchlicher Belehrung führt sie auf einer zweiten Stufe zur Vermittlung gnostischen Wissens[94]. Clemens will die Taufkandidaten "in den Gesamtsinn der katechumenalen Initiation "[95] einführen. Als Vorbild hierfür dient ihm neben anderen Propheten auch Mose. Er verweist darauf, daß Mose durch seine prophetischen Worte und durch sein Tun stets auf Christus als den eigentlichen Paedagogen hingewiesen habe, in dessen Auftrag er sein Volk befreit habe (256-58).

---

93 Auch bei Amphilochius von Ikonium, im "Iamben-Brief" an Seleukios ist vom wahren, zur Tugend führenden Reich-tum in Literatur und Philosophie die Rede, der durch Bienenfleiß erworben wird. Wie im Stadion solle man also auch geistig-seelisch in den propädeutischen Wissenschaften trainieren und sich dabei an Vorbildern wie Moses und Daniel orientieren. Hierbei hilft die Urteilskraft, zwischen nützlichen und unnützen Lehren zu unterscheiden. Ziel ist die Erlangung himmlischer Schätze nach den irdischen Mühen.
94 Ders.318 weist auf die Anrede paides bzw. nepioi als Ehrentitel der Taufkandidaten hin.
95 Knaup 329.

Ähnlich betont er auch in der "Mahnrede an die Heiden" (71-73), hinter den in der Exoduserzählung erwähnten Wundern stehe Christus, der auf diese Weise zu sich aus der Gewalt des Widersachers herausrufe.

Noch stärker als bei Clemens fungiert Mose bei Origenes als Vorbild und Symbol für den spirituellen Weg. Für ihn symbolisiert Mose das jüdische Gesetz. In seinen Exodus -Homilien sieht er hierin seine wahre Größe (hom.2,4). Daher interpretiert er Moses Taten spirituell und zugleich erzieherisch: So wie Mose sein Volk aus dem Ägyptischen Luxus in die Stille der göttlichen Weisheit geführt habe, müsse auch jeder, der das auf spirituelle Weise vernehme, aus seinem seelischen "Ägypten" flüchten, indem er im Glauben an Gott immer weitere "Fortschritte" mache (hom.3,3). Nur wer sich von irdischen Genüssen ab- und dem göttlichen Geist zuwende, gelange vom Leiblichen zum Spirituellen und damit aus der Gefangenschaft in die Freiheit. Daher sei Mose, wie er Celsus gegenüber betont (132), den griechischen Philosophen gegenüber als Führer zum Heil ebenbürtig.

Während Clemens und Origenes Mose eher am Rande erwähnen, widmete ihm Philo eine komplette Biographie, die als Vorlage für Gregors nichtallegorische Beschreibung der "vita Moysis" gedient haben dürfte.

Anders als Clemens und Origenes sieht er hier Mose weniger allegorisch bzw. symbolisch als vielmehr paradigmatisch. Vorbildlich ist er allerdings auch für Philo durch seine Abkehr von Luxus und Leidenschaften und seiner Orientierung am spirituellen, gottgemäßen, von Vernunft und Tugend geprägten Denken, Reden und Tun. Dabei habe er sich sowohl wie ein Arzt (294f.) als auch wie ein Hirte (308f.)zu seinem Volk verhalten, indem er es aus der Gefangenschaft des Leibes befreit habe (356). Beides habe seine Königswürde unterstrichen. Daneben, so betont Philo im zweiten Teil seiner Mosebiographie, sei Mose auch Priester, Gesetzesgeber und Prophet gewesen. Entsprechend der platonischen Forderung an den Philosophen -Herrscher, ja noch darüber hinaus (450f.) habe er seinem Volk die Initiation von der äußerlichen Frömmigkeit über die Philosophie bis zur Gottesschau gezeigt, wo das Seelenauge im Materiellen das Geistige erkennen könne (482-86). Durch seine Reinigung habe er von Gott Anteil an dessen Schöpfermacht erhalten (514-16). So habe er andere in das Mysterium (Stiftshütte) einführen (524) und von der Sklaverei leiblicher Genüsse befreien können(540f.) Sein Vorbild zeige die Übelegenheit der wahren Philosophie gegenüber der sophistischen durch die Einheit von Denken, Reden und Tun (554f.).

Diese Auffassung spiegelt sich auch in Philos Antworten auf Fragen nach dem Exodusgeschehen wider. So deutet er die Übersetzung diabasis für Passah als seelische Entwicklungsstadien vom leiblichen zum seelischen Leben, von den Sinnen zum Verstand und von den eigenen zu den göttlichen Gedanken (10f.). Daß das Passah am Abend gefeiert wird, symbolisiert für Philo den "dämmerigen" Übergang vom trügerischen Glanz des Luxus zum Erkennen des bzw. im Unsichtbaren (20f.). Die Last, unter der Israel seufzt, symbolisiert für ihn das Laster, das es abzulegen gilt (47).

### 2.2.2.3. Die Exoduserzählung in Kappadozien

Mose wird auch von den drei Kappadoziern, Basilius von Cäsarea, Gregor von Nyssa und Gregor von Nazianz, als vorbildlicher Lehrer für spirituelle Lebensführung gesehen. Darüber hinaus verraten auch ihre Deutungen des Exodusgeschehens erzieherischen und spirituellen Charakter. Das zeigt sich z.B. daran, daß Basilius von Caesarea von seinem jüngeren Bruder Gregor von Nyssa als Lehrer und Vorbild nach dem Muster des Mose gelobt wird. Gnade und Erziehung müssen also bei der Erlösung des Menschen zusammenwirken[96].

Ein weiterer wichtiger Beleg für die Erlösungsvorstellung ist Gregor von Nyssas Schrift "in sanctum et salutare pascha ". Dort (2201-80) ist von der ersten Mystagogie die Rede, die den Aufstieg zum Licht zu Gott als zugleich leicht und unendlich erweist. Ähnlich werden im Kommentar zum Hohenlied die Seelen durch Christus in einer Initiation zur Vollkommenheit geführt. Gleich zu Beginn von Kapitel 5 preist er die Seele, weil sie "den Gipfel des steilen Aufstiegs zum Ersehnten erklommen hat" und Gott schauen darf. Gemäß seiner sogenannten Epektasis -Lehre rät er dazu, nicht in der Vorwärtsbewegung stehenzubleiben, wenn man nach den Höhen strebt.

---

96 In "de virginitate" vergleicht Gregor das Menschenleben mit einer Reise, bei der Anfechtungen zu überstehen sind. Zu ihrer Bewältigung ist die Orientierung an entsprechenden Leh- rern nötig, die nicht nur mit Worten, sondern durch ihr Verhalten Vorbilder sind. Dabei ist sowohl die Rolle der göttlichen Gnade (v. Stritzky) aber auch die Prägung durch die tradtionelle Anthropologie (Apostopoulos) zu beachten. Zu Gregors Mystik vgl. Koch (ThQ 80/1898, 397-420 sowie die Interpretationen von Balthasar, Danielou und Völker.

Zugleich steht die emporstrebende Braut auch für die Kirche als Leib Christi, die wiederum die "Jungfrauen ", d.h. die "Seelen der Geretteten" anleitet, nach dem Vorbild Abrahams "aus den Schranken der Natur" aufzubrechen und ihr Höhlenleben zu verlassen[97]. Ähnliches findet sich in der Schrift über die virginitas. Ihr Ziel, so betont Gregor zu Beginn, sei es, die Leser zu einem sittlich wertvollen Leben zu motivieren. Diejenigen, die der alltäglichen Vielfalt entsagt hätten, sollten auf diese Weise unabgelenkt sich höherer Tätigkeit widmen[98]. Dieses Programm läßt sich durch seinen geistlichen Anspruch als spirituelle Erziehung charakterisieren. Hierzu gehört Gregors Hinweis, daß ein einzelner verbaler Ratschlag nicht immer überzeugt. Der Erzieher solle vielmehr zunächst das, wozu er den Hörer ermahnt, loben. In seinem Werk folgt Gregor selbst diesem methodischen Modell, indem er das Ziel in leuchtenden Farben schildert, mit dem Gegenteil kontrastiert und den Weg zu diesem Ziel aufzeigt . Auch der Verzicht auf konkrete Ratschläge zugunsten von Kürze und Übersichtlichkeit zeigt Gregors Methodik. Gleiches gilt für die notwendige Erwähnung von Vorbildern. Hierzu gehört für Gregor neben seinem Bruder Basilius vor allem und in gleicher Weise Mose. Im Loblied auf Basilius heißt es: Mose werde allen, die nach Tugend streben, als gemeinsames Vorbild hingestellt. Daher solle man die Tugend dieses Gesetzgebers zum Ziel seines eigenen Lebens erwählen[99]. In diesem Zusammenhang lobt Gregor die profane Bildung des Moses und deutet seine Tötung eines Ägypters als Sieg des (hebräischen) Geistes über das (ägyptische) Fleisch. Auch in den Homilien über das Hohelied finden sich ähnliche allegorische Interpretationen, z.B. von Moses Aufstieg auf den Horeb, die er in moralische Überlegungen umzuwandeln rät:

---

97 Vgl. in Psalmos. Kap.5.
98 Im Antirrheticus adv. Apollinaris (8, 3,1) vergleicht Gregor darüber hinaus die Reinigung von der Sünde mit der "Ansiedelung" des göttlichen Lichtes in einer dunklen Höhle, wo sie das Dunkle vertreibt (vgl.47,270/40,4/49,1141). Auch in "contra Eunomium" (30,3) vergleicht Gregor "dunkle Gedanken" mit einer "dunklen Höhle".
99 S. PG 46,808d.

*"Wieder erhebt er sich über sich selbst und lebt lange Zeit in der Wüste nur der Phi-
losophie, abseits vom Lärm. Er wird vom Feuer des Dornbuschs erleuchtet. Darum
streift er die toten Hüllen von seinen Füßen. Er geht dem brennenden Berg entgegen.
Er erreicht seinen Gipfel. Er tritt in die Woke ein. Er dringt ein in die Wohnung, wo
Gott wohnt. Er wird denen, die ihn anschauen, eine unzugängliche Sonne. wie könnte
man alle seine Aufstiege und seine verschiedenen Theophanien beschreiben? Und obwohl er so groß und vollkommen ist, daß er solcher Dinge teilhaftig wird, erfüllt ihn
der Wunsch nach mehr und er fleht zu Gott, ihn von Angesicht zu Angesicht schauen
zu dürfen "*[100].

Vor allem in seiner "vita Moysis" schildert Gregor von Nyssa Mose als christologisch
gedeutetes Vorbild spirituellen Lebens[101]. Hier wird gleich zu Beginn die Schönheit
des Mosekindes als Ausdruck schöner, göttergleicher Sitten interpretiert[102]. Die ägyptische Königstocher gilt als Bild der Heidenkirche, die zum Bad der Wiedergeburt
kommt, dort Jesu Gesetz (Mose), das mit jüdisch -fleischlichen Regeln (Kästchen)
überlagert ist, aufnimmt und es in der ägyptischen Weisheit belehrt. Das Kind Mose
wählt kraft eigener Vernunft den tugendhaften Lebensweg, der letztlich zu Gott führt.
Die Geburt des Menschen Mose steht somit sinnbildlich für die geistige Geburt der
tugendhaften Seele und wird so zum nachzuahmenden Vorbild. Hintergrund sowohl
der tatsächlichen Geburt des Mose als auch der metaphorischen "Geburt" der Seele ist
der Kampf gegen den Tyrannen.

Auch wenn Gregor dessen metaphorische Entsprechung nicht präzisiert, dürfte mit ihm
die materielle, weltliche Sichtweise gemeint sein. Jeder einzelne Mensch soll sich somit vor dem Kontakt mit Sünden und Leidenschaften hüten, indem er Mäßigung und
Enthaltsamkeit praktiziert und nur solche religiösen Fragen zu klären versucht, die
seiner Auffassungsgabe entsprechen. Auf diese Weise soll er seine Seele entwickeln
und vervollkommnen.

---

100 PG 44,1095b/1206bc; Vgl. Danielou, Vorbild 293f., woraus die (Zitate entnommen sind: nach
der Eigenenart „der alexandrinischen Haggada bei Gregor," „Moses als einen in die Mysterien
Eingeweihten darzustellen" (ders.298)
101 Wie aus der Vorrede zur Mosebiographie hervorgeht, hat diese Schilderung eindeutig einen päda-
gogisch-protreptischen Hintergrund, indem die unbeirrte Gottsuche des Helden als vorbildlich
hingestellt und allegorisch gedeutet wird.
102 Vgl.zum folgenden auch die entsprechende Interpretation der Berleburger Bibel.

Gregor betont im Zusammenhang mit dem Aufstieg des Mose auf den Berg Horeb, daß die Schrift den menschlichen Geist immer aufs neue aufsteigend zu höheren Stufen der Tugend führt und er schließlich zur Anschauung Gottes gelangt. Dazu ist allerdings Voraussetzung, daß man wie Mose durch die Nahrung gestärkt und im Durchgang durch das Wasser äußerlich und innerlich rein geworden ist, das Fremde hinter sich gelassen und vernichtet hat, vom bitteren Wasser Maras, d. h. vom Leben fern von sinnlichen Vergnügungen genossen hat, das allmählich immer süßer wird. Außerdem gehören hierzu das Evangelium, das Wasser des Lebens und das Brot des Himmels. Vor allem aber geht es um Reinheit und Abkehr von sinnlichen Neigungen und ani- malischen Begierden. Die Erkenntnis Gottes und die sittliche Ordnung des Lebens sind die beiden Seiten der Tugend. Hierbei fungiert Mose als Vorbild, dem es nachzueifern gilt, im Geist Gipfel um Gipfel erklimmend. Anders jedoch als der zum Licht Empor- steigende gelangt Mose bzw. sein Nachfolger in die Dunkelheit. Durch die Übung in der Tugend erhebt sich die Seele ständig über sich selbst im Verlangen nach himm- lischen Gütern. So hat ihr Aufstieg, ähnlich wie auf der Jakobsleiter, letzlich kein Ende, sondern sie strebt unersättlich stets dem Schönen (Gott) zu, von dem sie sich immer neu entzünden läßt[103]. Auch in der Interpretation zur Überschrift des 89. Psalms geht Gregor auf Mose ein, wobei er sich eng an der philonischen Vorlage orientiert und Mose, ähnlich wie Basilius im Kommentar zu Jes. (PG 30,29a), als Neuplatoniker beschreibt. Er habe die Königswürde wie Staub abgeschüttelt und 40 Jahre lang in der Einsamkeit und in der Gottesschau gelebt. Durch diese asketisch -spirituelle Übung sei er durch das unfaßbare Licht erleuchtet und von seine körperlichen Hüllen entblößt worden. Nach dem Auszug aus Ägypten sei sein ganzes Leben ein einziger zusam- menhängender Tag geworden, indem das göttliche Licht das Tageslicht ablöste. In der Dunkelheit schaute er in ihm den Unsichtbaren. Ohne Spuren und ohne Denkmal habe er schließlich die Welt verlassen.

So beschreibt Gregor Mose als den, der während der drei vorhergehenden Äonen groß geworden, in der Wüste die vierte Stufe des Aufstiegs beginnt. An der Grenze zwi- schen der wandelbaren und der unwandelbaren Natur ist er Mittler zwischen Gott und Mensch.

---

103 Hier ist vor allem an das 6. Kapitel zu denken, wo der Aufstieg Thema ist.

Je mehr man sich also von irdischen Dingen trennt, desto näher kommt man nach Gregor der Wirklichkeit, die alles Begreifen übersteigt. Ein solcher Mensch wird dem göttlichen Vorbild gleich und wird zugleich sein Nachfolger in der Nächstenliebe.[104] In "de mortuis" beschreibt Gregor in Anlehnung an das Aristotelische Höhlengleichnis die "Erlösung" von Menschen aus einem unterirdischen Gefängnis: Mit dem Dunkel vertraut geworden, neigen die Menschen immer mehr dazu, die irdische Gegenwart für angenehm und leicht zu halten.

Die aus ihrem irdischen Gefängnis Entlassenen werden von den übrigen bemitleidet aus Unkenntnis über das Licht, das diejenigen aufnimmt, die die Finsternis verlassen haben. Wenn sie nämlich die Schönheit des freien Feldes und des Himmels wie dessen Größe, den Glanz und den Gang der Gestirne , die Bahn der Sonne und des Mondes, den vielgestaltigen Lauf der Erde, den schönen Anblick des in strahlender Sonne, vom Windhauch angeregten Meeres, die Schönheit der privaten und der staatlichen Gebäude kennten, würden sie nicht mehr jammern über diejenigen, die aus dem Gefängnis herausgeführt wurden, als würden sie von etwas Gutem getrennt[105].

Auch für Basilius ist Mose indirektes Vorbild:

Ähnlich wie er in seinem Jesaja -Kommentar auf den "Aufstieg zum Licht" verweist, den der Unbesonnene verfehle bzw. vom Luxus gefangen vergesse (13.277), rät Basilius auch den Adressaten seiner "Jünglingsschrift "[106]

Vor dem Hintergrund eines Dualismus zwischen irdischem und ewigem Leben werden die jugendlichen Adressaten zu tugendhaftem Leben nach literarischen Vorbildern aufgefordert. Hierbei spielt für ihn neben Odysseus und Herakles[107] auch Mose eine wichtige Rolle, der nach den paganen (ägyptischen) Studien sich ganz der Gottesschau hingegeben habe. Da Basilius sich jedoch an Schüler einer nichtchristlichen Schule richtet, benutzt er in erster Linie pagane Inhalte.

---

104 (PG 44,456c-457c)
105 Hg. von G.Heil Greg. Nyss. Op.IX, 37,22-38,11 = PG 46,497-537.
106 ("An die Jünglinge, (darüber), wie sie aus der heidnischen Literatur Nutzen ziehen könnten"). In einer weiteren Schrift (Werk 18) verweist er (29.312) auf den Aufstieg durch die Erlösung aus der Zisterne. Außerdem taucht in Werk 19 (29.553) der Aufstieg zu Gott durch seine Erkenntnis auf. Von Bedeutung ist auch der Hinweis in "de fide" (27,31), der in der Höhle Gefangene würde durch das Eingeständnis seiner Leidenschaften seine wahre Tugend offenbaren. Auch in seiner Kommentierung des 1. Psalms argumentiert Basilius mit einem Bild, das an die Erlösungsvorstellung erinnert. Ähnlich wie sein Bruder im Cant.-Kommentar (s.u.) betont er, daß die Bibel in Stufen zur Tugend führt, die er mit der Jakobsleiter (Gen 28) vergleicht.
107 Vgl. Xenopohon (Mem.II 1,28ff.).

Erzieherisch wichtig ist in diesem Zusammenhang die Prodikos -Fabel von Herkules am Scheidewege, der sich zwischen Tugend und Luxus entscheiden muß. Seine Entscheidung für die Tugend wird den Jugendlichen als vorbildlich hingestellt, verbunden mit der Aufforderung, ebenfalls zu Tugendathleten zu werden, sich von irdischem Verlangen zu reinigen und sich auf das Ziel zu konzentrieren. In diesem Zusammenhang spielt im gesamten Werk das agonistische Motiv eine wichtige Rolle: Nur wer wirklich die Tugend trainiere, habe einen wertvollen Zehrpfennig für die Ewigkeit. Auch wenn Mose und die Exoduserzählung nicht ausdrücklich erwähnt werden, klingen hier, im paganen Gewand, Motive an, die zum biblischen Modell passen: Auch die Sklaven in Ägypten wurden von Moses vor die Grundsatzentscheidung zwischen Glaube und Laster gestellt, auch sie mußten sich für den beschwerlichen Weg zum Heil rüsten.

Gregor von Nazianz lobt denjenigen, der den Aufstieg der Seele zum Himmel kennt[108]. Hierbei spielt für ihn vor allem Basilius eine Rolle[109].

In seinem autobiographisches carmen 2 fordert Gregor für die Erziehung den Kontakt mit gottgemäß -vorbildlichen Menschen und Büchern sowie eine umfassende Früherziehung durch die Eltern. Auch hier spielt der seelische Fortschritt die entscheidende Rolle. Auch in seiner Rede über die Tugend taucht er auf: Hier schildert Gregor seine unermüdliche Suche nach dem Quell der Tugend[110]. Dabei vergleicht er seinen eigenen Tugendweg mit dem Lauf eines Stadionläufers auf das Ziel hin.[111] Im Hinblick auf die Vorbildrolle des Mose ist neben diesen sehr allgemein -indirekten Anklängen for allem or.28 wichtig: Hier berichtet Gregor von seinem eigenen "Aufstieg auf den Berg Sinai", d.h. von seinem Tugendweg, bei dessen Vermittlung er nach der methodischen Regel vorgeht, daß man die Auffassungsgabe der Hörer berücksichtigen müsse.[112] In diesem Zusammenhang betont er die Unzugänglichkeit Gottes, die selbst Mose nicht gänzlich erfaßt habe[113]. Auch Gregor spiritualisiert somit die Exodusthematik in pädagogischer Absicht.

---

108 Vgl. "carmen de se ipso" 6
109 Or.43, Kap.15f.
110 Übers. nach M. Kertsch in: R. Palla (Hg.) Gregor von Naziianz, carmina de virtuete Ia/Ib (übers. und komm. von M. Kertsch, Graz 1985
111 Vgl. 2. Enkomion auf die Tugend
112 Vgl. auch or.27.
113 Vgl. seine Interpretation von Ps 45,11, wo er Moses' ständige Gottesbezogenheit betont.

Gregor von Nazianz betont in seiner Rede auf den heiligen Märtyrer Cyprian (3), er habe jegliches Verlangen aufgegeben, seit er mit Christus verbunden sei. Nichts von dem, was anderen erstrebenswert sei, würde ihn mehr fesseln, weil er um dessen flüchtigen Charakter wisse.

Auch Johannes Chrysostomus beschreibt in seinem Mt -Kommentar (6,4f.) das geistige Seelenfeuer, das kein Verlangen nach irdischen Dingen aufkommen läßt, sondern die Liebe auf ein anderes Gebiet lenkt und den Menschen bereit macht, alles zu opfern. Federleicht blickt solcher Mensch über alles Irdische in innerer Zerknirschung weinend hinweg und gewinnt so wahre Freude.

In seinen Säulenhomilien (6,3f.) beklagt Chrysostomus, die Menschen lebten nicht in der gebührend strengen Zucht, sondern schätzten noch das weichliche Luxusleben dieser Welt und würden gerne bei den zeitlichen Dingen verweilen. Deshalb habe Gott ein mühseliges und leidvolles Leben bereitet, um so zur Sehnsucht nach dem Transzendenten zu bewegen.

In seinen Homilien zum Epheserbrief (21,1-2) fordert Chrysostomus die Eltern dazu auf, ihre Kinder von Anfang an durch Ermahnung in der Zucht des Herrn zu erziehen und die Heilige Schrift zu lehren. Zwar sei es nicht notwendig, daß sie zu Mönchen werden, doch sollten sie zumindest aus Weltmenschen zu Christen werden. Dafür seien das Bibelstudium und die Gottesfurcht wichtige Erziehungsmittel. Hierzu gehört auch die Orientierung an Vorbildern in Bibel, Geschichte und Gegenwart. Auf diese Weise würden die Kinder wahren, nämlich inneren und ewigen Ruhm und Reichtum erwerben. Durch das Hören auf Gottes Wort hätten die Kinder inmitten der Welt ein gutes Schiff mit einem guten Steuermann auf hoher See. Auch hier läßt sich also, ähnlich wie bei den behandelten Theologen, eine Tendenz zur Transzendenzorientierung erkennen, die es auf erzieherische Weise zu fördern gilt. Ziel ist die Loslösung von äußeren und innerlichen Fesseln, die den Menschen an bloßen Konsum und an einengende Verhaltensweisen binden.

Auch wenn weder Mose noch der Exodus direkt erwähnt werden, tauchen doch motivische Anklänge wie z.b. die Entbehrungen und die Vorbildorientierung als Hilfe zum Durchhalten zum verheißenen Ziel auf.

**Fazit:**

Für die Kappadozier ist Mose als der in Gottes Auftrag handelnde Befreier seines Volkes Sinnbild für den spirituellen Lehrer, der seine Schüler von der Verstrickung in ihre Leidenschaften heraus auf den Weg zu Gott führte. Darüber hinaus gilt er als Vorbild im Umgang mit paganen Wissenschaften, indem er seine Ausbildung in Ägypten für den Weg zu und mit Gott nutzbar machte. Schließlich gilt auch sein spirituell interpretierter Weg zur Gottesschau durch die asketische "Wüste" hindurch und in geistlich -geistigem Fortschreiten auf den "Berg" hinauf als vorbildlich.

### 2.2.2.4. Die Exoduserzählung im Westen

Auch bei den lateinischen Kirchenvätern spielen Mose und das Exodusmotiv eine wenn auch weniger deutliche Rolle. Das soll an einigen Beispielen aufgezeigt werden. Hierbei soll vor allem Augustinus im Mittelpunkt stehen, da es ihm, wie seine Werke zeigen, vor allem um die Anleitung zur christlichen Lebensführung geht, bei der die Bibel im Mittelpunkt steht,[114] während die üblichen Wissenschaften propädeutische Funktion haben[115]. Zur Ausbildung des Klerus entwickelte er ein Lehrbuch[116]. Dabei stehen das Symbolum, das Vaterunser und der Dekalog im Mittelpunkt[117]. Wichtig ist für ihn dabei die "Hinführung der Seele zu Gott "[118]. Hierzu gehört die Auffassung, daß der Mensch vor allem durch die Anschauung lernt[119]. Für diese Konzeption ist die Erlösung durch Christus von besonderer Bedeutung. Sie beschreibt er als einen Weg mit sieben Stufen:

---

114 In de catechizandis rudibus stellt er als methodische Lehrgrundsätze auf: Weniges sollte gründlich und anschaulich vermittelt werden. Dabei sollte der Stoff einheitlich und zielstrebig angeordnet werden. Der Unterricht habe stets die individuellen Besonderheiten des Schülers zu berücksichtigen.
115 Vgl. ders.117
116 "de doctrina christiana". Vgl. ders.145.
117 Vgl. ders.164.
118 So Eggersdörfer 16, von dem auch die übrigen Hinweise stammen.
119 Vgl. ders. 36.

Von den instinktiven Handlungen und animalischen Bedürfnissen führt der Weg über die sinnliche Wahrnehmung, die handwerklichen Fertigkeiten, die intellektuellen und sozialen Fähigkeiten und über die innere Ruhe zur Annäherung an Gott und zum Bleiben in Gott[120]. Bei der Förderung dieses Aufstieges, der in einer Kombination aus Reinigung und Gewöhnung an tugendhaftes Leben (Liebesgebot) besteht, solle man darauf achten, daß die Seele sehen, gesunden und anschauen könne[121]. Dafür bietet sich vor allem das Leben in der Einsamkeit an, in der dann die Wissenschaften in der nötigen Muße gepflegt werden können[122]. Hierzu gehört vor allem auch die Beschäftigung mit der Philosophie von klein auf[123]. Auch wenn Augustinus hier nicht explizit Mose erwähnt, treffen seine Forderungen, pagane Wissenschaften sinnvoll zu nutzen, sich von irdischen Sorgen zu distanzieren und Gott zu schauen, auf das Mosaische Vorbild zu. Lebensführung, Frömmigkeit und Studium bilden eine untrennbare Einheit[124]. Diese Auffassungen spiegeln sich auch in seinen Ratschlägen an einen Diakon wider, der als Katechet eingesetzt wurde und Augustinus um Rat fragte. In seiner Antwort weist er darauf hin, daß Denken und Reden, innere Einstellung und äußeres Verhalten eine Einheit bilden müssen[125]. Die Katechese solle von der Schöpfung bis zur Gegenwart reichen. Daneben solle auch auf die reine Liebe, das gute Gewissen und den echten Glauben Wert gelegt werden. Grundlage ist die Erwartung der Wiederkunft Christi sowie die Gemeinschaft der Christen als sein Leib[126]. Ziel der Katechese ist, daß der Schüler durch das Hören glaube, durch das Glauben hoffe und durch die Hoffnung liebe[127]. Modern formuliert kommen also kognitive, affektive und pragmatische Intentionen in den Blick. Zugleich wird hier ein Modell deutlich, das in seiner Abfolge von ganzheitlichen Lernschritten (hören > glauben > hoffen > lieben) an die spirituell interpretierte Erlösungsvorstellung erinnert.

---

120 So in de vera religione 98; Vgl. ders.46-50.
121 Vgl. ders.52f.
122 de ord.1,1. Vgl. ders.57
123 contra Acad.I 1-2.Vgl. ders.72
124 "videbit (sc.Deum).... qui bene vivit, bene orat, bene studet."(ord.II 19,51) vgl. Saddington 97; ders.96 verweist auf Augustins Betonung der disciplinae, bes. der Dialektik in Ord.II 18,32).
125 De catichizandis rudibus Kap.2f.
126 So in Kap.5.
127 So in 4,8

Außerdem finden sich auch in anderen Werken Hinweise auf die Verwendung der Erlösungsmetapher[128]. So fordert Augustinus, der Mensch müsse zuerst sich selbst zurückgegeben werden, damit er wie auf einer Stufe von dort aufsteige und aufgehoben werde zu Gott[129].

Gott ist für Augustinus der eigentliche Lehrer.[130] Er erleuchtet die Seele mit sich selbst, daß sie fortschreitend hindurchschaue in die Wahrheit. So könne man das Wissen verwenden wie ein Gerüst, mit dessen Hilfe die Gestalt der Liebe aufsteige[131]. Für Augustin ist der Glaube somit die erste und zentrale Stufe des Aufstiegs, der weiter über die Reinigung der Seele von den Leidenschaften zur Gottes Schau, vom gesetzesfreien über das gesetzesbestimmte zum Leben in der Gnade und im ewigen Frieden führt.[132].

Ähnlich wie bereits Tertullian in Apol.21,4 und Ambrosius (in Ps 43,89) schildert auch Augustin in de civ.dei 18,37 Mose als religiösen Erzieher. Auch in seiner Schrift "über die Dreieinigkeit" (14,23) fordert Augustinus das tägliche Fortschreiten und die ständige Erneuerung in der Erkenntnis Gottes, in der Gerechtigkeit und Heiligkeit, indem man mit Gottes Hilfe die Liebe vom Zeitlichen auf das Ewige, vom Sichtbaren auf das Geistige, vom Fleischlichen auf das Geistliche überträgt und danach trachtet, die Gier nach dem einen zu zügeln und zu mindern und sich in Liebe an Christus zu wenden, der direkt zu Gott führt, von Engeln aufgenommen und mit einem unvergänglichen Leib beschenkt und in der Schau Gottes ruhend.

In seiner Schrift "vom seligen Leben" (1,2) vergleicht Augustinus darüber hinaus das Leben mit einer Reise auf hoher See, weit weg vom Vaterland und ausgeliefert an die Leidenschaften und Versuchungen der Welt.

---

128 Vgl. Boros 129-32.
129 Vgl. Aug., Retr.I 8,3. In Sermo 330,3 fordert er in ähnlicher Weise dazu auf, zu sich selbst und damit zugleich zum Schöpfer zurückzuschreiten.
130 Darauf weist er vor allem in „de magistro" hin.
131 Zu Ps 118,4/9.
132 Vgl. Wittmann 354-58

## 2.2.3. Befund

Während in der Antike das Höhlengleichnis die zentrale Konzeption für spirituelle Erziehung symbolisiert, tritt in der frühen Kirche die Exoduserzählung an seine Stelle. Hier wird das Erlösungsmotiv biblisch -christlich adaptiert und an ein ähnlich populäres Modell gebunden, wie es das Höhlengleichnis für die Antike darstellte. Hierzu gehört die Vorstellung der Gefangenschaft im (fernen) Luxus ebenso wie der beschwerliche Weg durch die Wüste und die Rettung durch Gott. Gerade die Vorstellung, daß der wahre Weg zu Gott und zum tugendhaften Leben beschwerlich ist, verbindet die antike mit der monastischen Tradition aus Frühzeit und Mittelalter. [133]

Auch hier ist zu berücksichtigen, daß das geschilderte Modell spiritueller Erziehung in Konkurrenz zum traditionellen, vom Qualifikationsdenken geprägten Ausbildungskonzept stand, das durch Persönlichkeiten wie Libanius, Himerius und andere bestimmt wurde. Wie der freundschaftliche Briefwechsel der Kappadozier mit diesen Sophisten zeigt, wurde von ihnen diese Beziehung jedoch nicht als Konkurrenz, sondern als Ergänzung gesehen. Grund hierfür war sicherlich die beiden Seiten gemeinsame neuplatonisch -stoische Gedankenwelt, die auch die Alexandrinische Schultradition prägte.

---

133 Hier ist vor allem die Rezeption von Hesiod (Erga) bei Basilius (Jünglingsschrift) und bei Benedikt (Prolog zur Regula).

## 2.2.4. Erzieherische Implikationen

Ein erzieherisch bedeutsamer Aspekt der Moseerzählung ist sicherlich ergänzend zum Höhlenbild und seiner Gesellschaftskritik derjenige vom beschwerlichen Erlösungsweg[134]. In diesem Zusammenhang ist auch das Wettkampfmotiv von Bedeutung, das vor allem von den Kappadoziern betont wird[135], später jedoch auch von den Mystikern und Humanisten aufgegriffen, von den Reformatoren und der Dialektischen Theologie dagegen als Synergismus abgelehnt wird.

Wettkampf, Anstrengung und Leistung haben zwei Gesichter, die zu unterscheiden sind: Zum einen können sie die Entfaltung des Menschen behindern, ihn einengen, ihm seinen spirituellen Wert verbergen, zum anderen jedoch im Sinne von spirituellem Wachstum und Transzendenzerfahrung befreiend und fördernd wirken. Die Theologen des 4.Jh. zeigen am Vorbild des Mose den Unterschied zwischen beiden Seiten der Leistung auf[136]: Nur, wo sie sich nicht auf eigenes Bemühen und menschliche Selbstein- bzw. -überschätzung, sondern auf Gottes Zuspruch gründet, kann Anstrengung befreien. Das wird deutlich am Unterschied zwischen dem Frondienst an den "ägyptischen Fleischtöpfen" und den Strapazen in der Wüste, die zwar subjektiv ähnlich hart eingeschätzt wurden, tatsächlich aber von unterschiedlicher Qualität waren. Diese Auffassung bestimmte auch die ersten Asketen und Mönche, die zur gleichen Zeit bewußt in die Wüste zogen. Den Unterschied zwischen befreienden und knechtenden Anstrengungen gilt es pädagogisch zu vermitteln.

So weisen im Gegensatz zur stoischen Lehre die Mönchsväter, aber auch die Theologen des 4.Jh. immer wieder darauf hin, daß man störende Leidenschaften nicht mit aller Gewalt bekämpfen oder verdrängen, sondern adaptieren und umwandeln soll.

---

134 So betont auch Fischedick 18, das aus der Abhängigkeit zur Autonomie und Identität befreiende Wandern sei als archetypisches Grundsymbol Grundlage der Exoduserzählung.
135 Es taucht in Basilius' „Jünglingsschrift" sowie in seinen Briefen (z.B.79), Predigten (z.B. zur Dürre), Ascetica (z.B. ep.2) und Kommentaren (z.B. zu Prov.) wiederholt auf.    Auch Gregor von Nazianz gebraucht das Bild z.B. in or.4 und 11, Gregor von Nyssa z.B. in der "vita Moysis". Vgl. auch Basilius' Briefe 2-4 und die Wegbilder in der „Jünglingsschrift"
136 Hierbei äußert sich Gregor von Nazianz gegenüber den beiden anderen Kappadoziern (Bas.,Hex.,; Greg.Nyss. vit,Mos.PG 45,401) wesentlich zurückhaltender im Blick auf die Gotteserkenntnismöglichkeit des Mose.

Paulus und Mose gelten dabei als vorbildliche engelsgleiche Kämpfer in der Askese[137]. Auch die wiederholte Warnung vor Luxus, Leidenschaften und falschen Lehren als "Steine" bzw. "Dornen" auf dem Lebensweg gehört in diesen Zusammenhang ebenso wie die Mahnung, wie die Bienen das Rechte auszuwählen[138]. Die geistliche Erziehung soll dazu verhelfen, durch vorbildliches Leben diesen Gefahren zu trotzen. Daß dabei neben Mose auch der literarische Held jener Zeit, Odysseus, als Vorbild fungiert, zeigt, daß man für die Vermittlung solchen Verhaltens auf zeitgemäße Beispiele achten solle.

Hierzu kann, wie das spätere, sich an Paulus, Clemens und Augustin orientierende Beispiel des Erasmus zeigt, auch eine militaristische Redeweise gehören. Die geforderte militia Christi umfaßt dabei Gebet und Wissen, die durch Aaron und Mose verkörpert werden.Neben der Wettkampfmetaphorik spielen für die Beschreibung des beschwerlichen Erlösungsweges auch medizinische Metaphern eine Rolle: Ebenso wie ein Lehrer auch Seelsorger sein sollte fungieren für Gregor von Nyssa die Bischöfe als Hirten und Seelenärzte[139]. Das geforderte ruhende Tun[140] gilt als Seelsorge, die mit der Medizin verglichen wird.

Als drittes Motiv gehört in diesen Zusammenhang das vorbereitende Training, das sowohl im Wettkampf- als auch im Heilungsbild bereits impliziert ist. Hiermit ist nicht nur die Orientierung am jeweiligen Auffassungsgrad der Adressaten gemeint, wie er zu allen Zeiten propagiert wurde und gerade für die spirituelle Entwicklungsförderung wichtig ist, sondern auch die allmähliche Annäherung an die Kerninhalte christlicher Frömmigkeit. Um das zu illustrieren, greifen die Kappadozier zum Platonischen Bild vom Wollfärber bzw. vom Betrachten der Sonnenspiegelung[141].

---

137 Vgl. Gregor von Nyssas Schrift über die Psalmen.
138 Analog zum steinigen Weg gebraucht Basilius sehr häufig die Vorstellung von der Seefahrt, wo zahlreiche Hindernisse drohen. So verweist er z.B. in ep.1 auf die Behinderungen durch das Schicksal, das ihn von Eusthatius immer wieder trennte. Auch in der "Parzival"-Dichtung ist von einer unbeirrten Reise die Rede, von der weder Unwetter noch Gefahren und Feinde aller Art abhalten können. Daß dieser Weg Entsagung bedeutet, legt auch das Titelkupfer der "Historie der Wiedergeborenen" nahe, wo der Aufstieg zu Wiedergeburt Schmerzen (Pfeile) und Anstrengungen (Kreuz) mit sich bringt. Auch in Erasmus' "epistula de contemptu mundi" tauchen die Gefahren der Welt (opes, vuluptates, honores) als wildes Meer für den den Seefahrer auf.
139 Vgl.ders.131.
140 Vgl. ders.98.
141 Vgl. Basilius, „Jünglingsschrift", Gregor von Nyssa, vita Moysis, Gregor von Nazianz, or.2

Diese Auffassung wird später auch z.B. von Erasmus vor allem in seinen Briefen übernommen[142], wo er ebenfalls zur klugen Auswahl und zur Propaedeutik rät.

Das entspricht dem aus der Antike übernommenen mittelalterlichen Aufbau der artes liberales in trivium und quadrivium und wird auch von Luther gebilligt, geht aber noch weit darüber hinaus: Ähnlich wie der Höhlenwanderer sich nach einer gewissen Zeit von den Schattenbildern trennte, ohne sie ganz zu verlieren, und Mose, wie das weit verbreitete Motiv der spoliatio Aegyptiarum zeigt, auch von der ägyptischen Weisheit profitierte, ohne bei ihr stehenzubleiben, besteht auch der spirituelle Lernprozeß in einem Aufbauen auf und Anknüpfen an bereits Bekanntes und Vorhandenes. Wie dieser Weg, der vor vielen Jahrhunderten erfolgreich gegangen worden ist, in der Gegenwart beschritten werden kann, soll im folgenden erörtert werden.

## 2.2.5. Erzieherische Konsequenzen

Auch in der gegenwärtigen Praxis des Religionsunterrichts gilt es, sich mit dem Phänomen Anstrengung und Leistung differenziert auseinanderzusetzen.

Hier kann die Orientierung an den Mosegeschichten wichtige Anregungen geben. Außerdem sensibilisiert die Exoduserzählung für eine angemessene Definition von "Freiheit", die weder das "woher", noch das "wozu" einseitig betont, sondern zueinander in Beziehung setzt[143]. Auch die Wechselbeziehung zwischen der Befreiung von Analphabetismus und von gesellschaftlicher Unterdrückung, wie sie z.B. Paolo Freire im Anschluß an die Befreiungstheologie thematisiert, gehört in diesen Zusammenhang[144], auch wenn der gesellschaftspolitische Aspekt von Befreiung für die vorliegende Thematik nur sekundäre Bedeutung hat. Auch der eschatologische Aspekt der Exodusgemeinde spielt systematisch, ekklesiologisch und ethisch, aber auch pädagogisch eine wichtige Rolle[145].

Gerade dieser ambivalente und Geschenkcharakter wahrer Freiheit läßt sich pädagogisch in besonderer Weise umsetzen, da die geschilderten Gewalt- und Einsam-

---

143 Darum bemüht sich z.B. M. Fox, der im Zusammenhang mit der „Schöpfungsspiritualität" auch auf das Exodusmotiv eingeht (111-40).
144 Hier ist z.B. an H.Thielens „Überlegungen zur Synthese von persönlicher und politischer Befreiung" zu denken (66-82)
145 Vgl. die Ausführungen zu E. Lange.

keitserfahrungen auch heute nachvollziehbar sind und so, bei entsprechender didaktischer Aufbereitung, Anknüpfungsmöglichkeiten bieten[146].

Die erzieherische Bedeutung des Exodusmotivs wird auch an einem gleichlautenden Religionsunterrichtswerk deutlich. Einleitend heißt es[147]:

"Wenn ein Religionsbuch – ein ganzes Unterrichtswerk für den katholischen Religionsunterricht in der Grundschule – den Titel EXODUS wählt, so ist das ein Programm. Mit dem Wort Exodus ist ein biblisches Grundmotiv angeschlagen, das nicht nur dem zweiten Buch Mose seinen Namen gegeben und dort seinen Ort hat. Exodus ist ein Leitmotiv, das die Geschichte des Gottesvolkes durchzieht, vom Aufbruch der Väter Israels, die dem Ruf dessen folgten, von dem sie sich gerufen wußten, bis zum immer wieder neuen Aufbruch, durch den die Kirche von den "Fleischtöpfen Ägyptens" sich wegholen lassen muß, um im Glauben "das Land" zu suchen, das Gott verheißen hat. Exodus ist deshalb ein Wort, das Aufbruch und Ziel, Wagnis ins Unbekannte und Geborgenheit des Vaterhauses in einem umspannt."....."Dieser Weg ist nicht vorgebahnt, der Mensch muß ihn selber finden. Gottes Verheißung ist "kompaß" und Anspruch zugleich. Darin wird ein Ziel "angepeilt", das dem Menschen neue Möglichkeiten aufschließt und so seine Sehnsucht erfüllt.

Der Gott des Exodus und der Verheißung ist es auch, der Jesus von den Toten auferweckte und so das Gottesvolk neu sammelte und auf den Weg brtachte. Das Exodus - Motiv verbindet so Gottes Volk alter und neuer Zeit. Es ist ein Motiv für jeden Glaubensweg; es hilft, den eigenen Weg im Licht des Glaubens zu sehen und aus dem Glauben Impulse für gemeinsames Vorgehen zu gewinnen. Das biblische Motiv vom Aufbruch zu neuem Ziel trifft auf eine Grundbefindlichkeit des Kindes: Das Kind will wachsen, entdecken, will weitergehen, mehr können, mehr erfahren – am liebsten alles zugleich. In der erzieherischen Arbeit mit Kindern läßt sich durch spielerische Umsetzung der Exoduserzählung vermitteln, daß Freiheit immer etwas mit Befreiung zu tun hat, also keine absolute oder abstrakte Größe darstellt[148].

---

146 Exeler, Exodus 28 verweist auf die grausamen Bilder, das Freund-Feind-Schema, und auf die etwas komplizierten Zusammenhänge.
147 S. Literaturverzeichnis
148 Ders.51f. verweist auf das Unterrichtswerk „Exodus" sowie auf die Märchenarbeit.

Sie vollzieht sich vielmehr in konkreten geschichtlichen Zusammenhängen und zwischenmenschlichen Konstellationen. Für die kreative Umsetzung und Vermittlung dieses Sachverhaltes bietet sich das Motiv der Mauer an. Anders als im Zusammenhang des Höhlengleichnisses geht es hier jedoch nicht um die Gegenüberstellung von drinnen und draußen, sondern um das Überwinden der Mauer. Solche Mauern der Tyrannei, wie sie die Israeliten in Ägypten erlebten, sind in modifizierter und andeutungsweiser Form auch bereits Kindern vertraut in Gestalt von ihnen unverständlichen Regeln und Verbote.

Hier kann die Beschäftigung mit dem an den Exodus angebundenen Dekalog wichtige Hilfestellung bei der Auseinandersetzung mit solchen "Mauern" liefern, indem ihr befreiender Charakter in den Blick genommen wird.

Ähnliches gilt für die Jugenderziehung in Schule und Kirche. Auch Jugendliche erfahren Konflikte, wenn sie aus alten Strukturen aufbrechen und ihre Freiheit erproben wollen.

Auch in der Erwachsenenbildung spielt das Motiv des Aus- bzw. Aufbruchs aus festgefahrenen Strukturen eine wichtige pädagogische Rolle. Hier ist z.B. an die Neuorientierung bei der Familiengründung oder nach Auszug der erwachsenen Kinder bzw. an die Perspektivsuche bei Arbeitslosigkeit, Berufsfindung oder Pensionierung zu denken. In diesen Fällen kann das Exodusmotiv mit seiner starken Betonung des Gottvertrauens wichtige Impulse setzen.

## 2.3. Die Erlösung von der Sünde: Spirituelle Erziehung in der Reformationszeit und im Pietismus

### 2.3.1. Vorbemerkungen:

Das reformatorische Bekenntnis des "solus Christus, sola scriptura, sola gratia" prägt auch die spirituelle Erziehung in der Reformationszeit. Es bedeutet die Auffassung, daß der Mensch nicht aus eigener Kraft zum Heil gelangen kann, und führt daher zu einer kritischen Haltung gegenüber den Selbsterlösungstendenzen in der mystischen Tradition, auch wenn die Reformatoren durch sie beeinflußt wurden. Beide Beobachtungen lassen sich auch bei den Pietisten machen, die auf dem reformatorischen Erbe fußen. Auch hier werden, vor allem in der Form des radikalen Pietismus, lutherische Gedanken mit mystischem Gedankengut vermischt und gegen die als verknöchert empfundene lutherische Orthodxie gewendet. Im Hinblick auf die vorliegende Fragestellung interessiert im folgenden vor allem der erzieherische Aspekt dieser Anschauungen. An repräsentativen Beispielen soll verdeutlicht werden, daß es auch den Reformatoren und Pietisten um die Vermittlung der Botschaft von der Erlösung des Menschen aus der Sündengefangenschaft durch Christus geht. So wollte man zu einer wahren Frömmigkeit anregen.

Da die Refomatoren, besonders Luther, nicht etwas gänzlich Neues schaffen, sondern das Bestehende reformieren wollten, sollen im folgenden zunächst die erzieherischen und spirituellen Anschauungen aufgezeigt werden, auf denen Luther fußt, von denen er beeinflußt wurde oder mit denen er sich auseinandersetzte.

## 2.3.2. Zu den Autoren

### *2.3.2.1. Die Reformatoren*

**Die Wurzeln**

Die Reformatoren stehen in ihren pädagogischen Anschauungen auf den Gegebenheiten ihrer Zeit. Diese gehen über das mittelalterliche Schema der artes liberales auf die antike Tradition zurück:

Ähnlich wie die antiken und frühchristlichen Autoren formulierte der karolingische Schulgründer Alkuin einen Stufenaufbau von elementaren, artistischen, d.h. den artes liberales entstammenden, und theologischen Kenntnissen. Außerdem wird das mittelalterliche Erziehungs- und Bildungsideal durch die Auffassung geprägt, Wissen sei Tugend, die Tugendwächterin aber die Demut.(Gregor I)[149]. Diese Wertschätzung der Demut findet sich auch in einem Lied der Santiago -Pilger[150]. Dort wird dazu aufgefordert, vor der Reise sich auf sich selbst zu besinnen, die Mauer der Sünde, die gefangenhält, zu durchstoßen und sich auf den Bußweg zu begeben.

Sowohl die Unterscheidung von propädeutischen und höheren Studien, die einen allmählichen befreienden Wissensaufstieg implizieren, als auch die Rolle der Demut, die sich nicht auf das eigene Können allein verläßt, stehen in enger Verbindung zum Motiv einer Erlösung von Selbstüberforderung durch eine annehmende spirituelle Erziehung. Gleiches gilt für die in der mittelalterlichen Pädagogik von den Mystikern thematisierte Unterscheidung zwischen dem Christen als idealem Menschen und dem "alten Adam ", von Meister Eckart z.B. mit Acker und Unkraut verglichen.[151] Zwischen beiden sei jeder Mensch hin und hergerissen bzw. werde von seinem guten und bösen Geist hin und hergeworfen. Daher sei es nötig, den inneren Menschen immer mehr zu entwickeln und zu fördern. Das geschehe in sechs Stufen: Auf der ersten Stufe des Kleinkindes muß der Mensch "nach dem Vorbilde guter und heiliger Leute" leben. Auf der zweiten Stufe soll er über menschliche Vorbilder hinaus "zur Lehre und zum Rate Gottes und göttlicher Weisheit" eilen, sich von der Menschheit als seiner Mutter ab- und Gott als seinem Vater zuwenden.

---

149 Hom. in ev. lib.1 hom.7 cap.4 PL.76,1102; vgl. ders.16 Anm.1
150 Vgl. Benesch 178.
151 Sermon über Lk 19,12 (mit Cicero, Seneca, Augustin, Origenes und Hieronymus)

Auf der dritten Stufe entfernt er sich immer mehr von den menschlichen Sorgen ("Mutter ") und verbindet sich in Liebe mit Gott und seinem Reich. Auf der vierten Stufe wird der Mensch immer mehr verwurzelt in der Liebe zu Gott, so daß er bereitwillig alle Anfechtungen, Versuchungen und Leiden auf sich nimmt. Auf der fünften Stufe ruht er im himmlischen Reichtum der unaussprechlichen Weisheit. Auf der sechsten Stufe wird der Mensch "entbildet" und "überbildet" von Gottes Ewigkeit und gelangt zum Vergessen des vergänglichen Lebens, er wird hinüberverwandelt in die imago dei und in die himmlische ewige Seligkeit[152]. Diese Bewegung bezeichnet er an anderer Stelle als Wiedergeburt in Gestalt eines "Durchbrechen" zu Gott, das er der Geburt als einem "Ausfließen" aus Gott überordnet: Erst als er alles von Gott Trennende, vor allem den Willen, ja sogar Gottes Willen und Werke abgelegt habe, habe er sich Gott nahe und zugleich ähnlich gefühlt[153].

Heinrich Seuse fordert diejenigen, die "in die geheimnisvolle Verborgenheit (der Seligkeit)" kommen wollen, dazu auf, tapfer empor zu steigen und dabei ihren äußeren und inneren Sinn, "das Eigenwerk ihrer Vernunft, alles, was sichtbar ist oder nicht und was ein Sein oder ein Nichtsein ist ", hinter sich zu lassen und zur einfachen Einheit in Gottes "strahlender Finsternis" zu streben[154].

Auch Johannes Tauler rät dazu, die Vollkommenheit zu erstreben, indem man "allerwegen aufstehe ", sich zu Gott erhebe und inwendig frei mache[155].

Wie sehr für die für Luther prägende Vorstellung eines Aufstieges zu Gott darüber hinaus von der Hoheliedexegese geprägt war, zeigt, neben der mystisch geprägten "Theologia Deutsch" vor allem die Ordenstradition, z.B. Berhard von Claivaux und seine den Seelenaufstieg thematisierende Hohelied-Exegese. Ähnlich forderte auch der Franziskaner Rudolf von Biberach zu einem steten Aufgang der liebenden Seele auf. Dazu helfe, Gott stets andächtig in die Seele einzuladen und sich umgekehrt von Gott durch seine Werke einladen zu lassen. In dieser dauernden Übung, so folgert er in Anlehnung an das Hohelied, schritten die himmlischen Wesen in einförmiger Weise fort und folgten unaufhörlich dem Bräutigam Christus.

---

152 M. Eckart, vom edlen Menschen, Quint 142f. Ähnlich hatte auch sein Lehrer Jan van Ruusbroec ein Werk mit dem Titel "die sieben Stufen der geistlichen Liebestreppe" verfaßt, in dem er die allmähliche Entrückung und Annäherung an Gott der Seele beschreibt.
153 Deutsche Predigten, Quint 308f.
154 Vita, Kap.52; Hofmann 195.
155 5. Predigt: "Surge et illuminare" Hofmann 38.

So werde man sehen, wie der Geist ausdauernd auf dem Wege eifrigen Betrachtens in die innere ewige Verborgenheit Christi einzudringen versucht. Dabei fungiere das ewige Wort als Wandergefährte, der mit dem menschlichen Geist Zwiesprache hält, um ihn von zeitlichen Dingen abzuhalten, und ihn zu seinem ewigen göttlichen Tisch einlädt und ihn über ewige Dinge belehrt. Daher müsse sich der Geist wie Mose in der Wüste vom Zeitlichen befreien, um sich dem Ewigen zu nähern[156].

Diese Wurzeln bestimmten, wie im folgenden gezeigt wird, die reformatorische Auffassung einer spirituellen Erziehung

## Martin Luther

Als Programmschrift zum Thema "befreiende Erlösung" ist die "Freiheit eines Christenmenschen" von 1520 anzusehen. Auf Anregung von Militz fügte Luther in seiner Erwiderung auf die durch Eck veröffentlichte Bannbulle seinem sehr papstkritischen "Sendbrief an Leo X." diese Darlegung seines Glaubens an. Hierin führt er in 30 Abschnitten seine beiden zentralen, zunächst paradox und widersprüchlich scheinenden Thesen näher aus, daß ein Christenmensch zum einen ein freier Herr über alle Dinge und niemandem untertan, zum anderen jedoch ein dienstbarer Knecht aller Dinge und jedermann untertan (nach 1Kor.9,16; Röm.13,8) ist.

Hintergrund dieser Dialektik ist die Unterscheidung zwischen dem seelischen, geistlichen, neuen und innerlichen Menschen auf der einen sowie dem leiblichen, alten und äußerlichen Menschen auf der anderen Seite.

Da die Seele nicht durch Äußerlichkeiten wie Gesundheit, Genuß, frommes Verhalten, sondern allein durch das Evangelium zu beeinflussen und zu befreien ist, besteht die einzige Aufgabe des Christen, sich stets im Glauben an das Evangelium zu üben. An den Geboten könne er lediglich sein Unvermögen erkennen und werde so immer wieder auf das Evanglium verwiesen.

So wie das Evangelium gut, gerecht und heilig ist, heiligt es auch die Seele, die es ohne alle Werke aufnimmt. Wahrhaft fromm ist somit nur derjenige, der fest an Gott und seine Wahrhaftigkeit und Gerechtigkeit glaubt und ihm so seinerseits Wahrhaftigkeit und Gerechtigkeit erweist.

---

156 Die sieben Wege zu Gott, hg. von M. Schmidt II,35/99; vgl. Bonaventuras "Weg des Geistes zu Gott" über die Sinne, den Verstand, die Einsicht bis zu Erkenntnis und Gottesschau.

Auf diese Weise kommt es zur geistlichen Vereinigung der Seele mit ihrem Bräutigam Christus, der ihre Sünden aufnimmt und zunichte macht. So gibt er ihr Anteil an seinem König- und Priestertum. Im Rahmen dieses allgemeinen Priestertums aller Glaubenden kann einer für den anderen eintreten.

Da der Mensch jedoch nicht nur Seele, sondern auch Leib ist, kann er sich diesem geschilderten Ideal immer nur annähern. Der Leib, d.h. die äußeren Verhältnisse müssen demnach so gestaltet werden, daß sie diesem Ziel durch Reinigung vom Müßiggang als aller Laster Anfang dienen. So gilt von der Nächstenliebe und den guten Werken beiderlei: Sie können nicht fromm machen, sind aber Zeichen von Frömmigkeit und zugleich Zeichen der göttlichen Gnade. Da diese befreiende Auffassung von Frömmigkeit und Spiritualität sich nicht allen Menschen von selbst erschließt, bedarf sie einer entsprechenden Vermittlung. Das zeigt sich z.B. an den Katechismen Luthers, die in ihrem Aufbau und ihren Erläuterungen diese Rangfolge von Gesetz, Evangelium und Frömmigkeit als Vorbereitung, Wort und Antwort widerspiegeln. Auch die Bibelübersetzungen dienten diesem Zweck, ebenso wie die weiteren Erziehungsbemühungen Luthers:

In seiner Schrift "An die Ratsherren aller Städte deutschen Landes, daß sie christliche Schulen aufrichten und halten sollen" fordert er nachdrücklich die Einsetzung von Lehrern und die Einrichtung von Schulen, damit möglichst viele Kinder zu rechtschaffenen Christen werden[157].

Auch bei Luther ist pädagogisches Denken und Handeln in sein gesamtes Schaffen integriert und nicht daraus zu isolieren. Dennoch lassen sich wichtige Aspekte herausfinden. So verdeutlicht Luther z.B. in seiner Ergänzung der einer Liedstrophe (EG 125,1) sein Anliegen spiritueller (Erwachsenen-) Erziehung. Die ihm vorliegende Strophe lautete:

"Komm Heiliger Geist, Herre Gott! Erfüll mit deiner Gnaden Gut deiner Gläubgen Herz, Mut und Sinn, dein brünstig Lieb entzünd in ihn'n. O Herr, durch deines Lichtes Glast zu dem Glauben versammelt hast das Volk aus aller Welt Zungen. Das sei dir Herr, zu Lob gesungen. Halleluja."

---

157 WA 15,27-53.

Diese Worte sind voller spiritueller Kraft, die Luther sicherlich gerne aufgenommen hat. Der heilige Geist, der Herz und Sinn aller Menschen, gleich welcher Herkunft, mit seiner Gnade, seinem Licht und seiner Liebe erfüllt, war auch ihm ein wichtiges Anliegen. Und so dichtet Luther weiter:

"Du heiliges Licht, edler Hort, laß uns leuchten des Lebens Wort und lehr uns Gott recht erkennen, von Herzen Vater ihn nennen. O Herr, behüt vor fremder Lehr, daß wir nicht Meister suchen mehr denn Jesum mit rechtem Glauben und ihm aus ganzer Macht vertrauen. Halleluja. Du heilige Brunst, süßer Trost, nun hilf uns, fröhlich und getrost in deim Dienst beständig bleiben, die Trübsal uns nicht abtreiben. O Herr, durch dein Kraft uns bereit und stärk des Fleisches Blödigkeit, daß wir hie ritterlich ringen, durch Tod und Leben zu dir dringen. Halleluja."

Aus diesen Worten spricht zum einen das reformatorische Bekenntnis zu Jesus (solus Christus), zu "des Lebens Wort" (sola scriptura) und zum "rechten Glauben" (sola fide). Zum anderen tauchen Motive auf, die bereits die frühchristliche Spiritualität prägten: Die Licht-, Kampf- und Liebesmetaphorik, die Gotteserkenntnis, die Warnung vor falscher Lehre, die beständige Übung, der Weg zu Gott und die Ablehnung des Leibes und seiner Versuchungen.

Bei Luther läßt sich somit deutlich die Ambivalenz zwischen Beeinflussung und Ablehnung erkennen. Vor allem wird deutlich, wie wichtig auch für Luther das Bild eines Aufstieges heraus aus Eigennutz und Überheblichkeit zu Gott ist. Folgende pädagogischen Prinzipien lassen sich aus den Werken Luthers herauslesen[158]: Das Wort Gottes sollte permanent in einer Haltung der humilitas gelernt werden, indem man wieder – entsprechend der Menschwerdung Gottes -zum Kind wird. Dabei ist jeder Christ als Sprachrohr und Hörer Gottes zugleich Lehrer und Schüler. Durch Bildbetrachtungen, Vorbilder, durch Tun und Erfahrung aber auch durch Kontrolle und Methodik (Vereinfachung, Zusammenfassung, Gewöhnung, Gebet, und Gesang) läßt sich schrittweise und auf spielerisch -vertrauensvolle Weise der Glaube lernen. Diese Beobachtung läßt sich auch an Luthers Sermones und Kommentaren machen. Beispielhaft sei das an dem Sermon zur Vorbereitung zum Sterben wie auch an seinem Psalmenkommentar aufgezeigt.

Luthers Sermon von der Vorbereitung zum Sterben fordert als beste Vorbereitung neben der Ordnung der irdischen Dinge vor allem den geistlichen Abschied durch Beichte und Sakramente, bevor es durch die enge Pforte in einer neuen Geburt zu Gott geht. Bereits zu Lebzeiten solle man sich in der Sündenbetrachtung üben. Hierfür rät Luther folgende Übungen: den Tod solle man im lebendigen Christus, die Sünde im Gekreuzigten, die Hölle in Christi Höllenfahrt betrachten. Schließlich solle man zum Sterben Gottes Beistand erbitten.

Pädagogisch bedeutet diese ars moriendi, Leben nicht nur als bloßes Existieren anzusehen, sondern als ständige Aufgabe für den Menschen zu begreifen, das Transzendente seines Daseins im Blick zu behalten. Außerdem zeigt Luthers Christozentrik, daß es für ihn eine Methodik der Angstbewältigung gibt. Wer den Tod im lebendigen Christus betrachtet, der sieht nicht mehr nur die Spuren des Todes im Leben des Einzelnen, sondern kann ihn als zugleich existent und überwunden begreifen. Wer die Sünde im Gekreuzigten betrachtet und die Hölle in Christi Höllenfahrt, dem ergeht es ähnlich.

In seiner Auslegung des 5. Psalmes[159] bezeichnet Luther den Erlösungsweg als den Exodus aus Lastern bzw. als Töten der eigenen Person (395). Anders als bei den antiken (Dionysius PsAreopagita) bzw. mittelalterlichen Mystikern (Tauler) führt nach Luther der Weg zu Gott nur durch die Selbstvernichtung. Tod und Hölle sind für ihn die unsichtbaren Schattenbilder, die Menschen gefangennehmen (450-60)

---

158 vgl. zum folgenden Sander-Gaiser 23ff.
159 Vgl. WA15f.

## Philipp Melanchthon

Anders als bei Luther findet sich bei Melanchthon deutlicher ein pädagogisches Anliegen, auch wenn man nicht unbedingt von einem systematischen Konzept sprechen
kann[160]. Im Blick auf die spirituelle Erziehung ist ausschlaggebend, was er in einem
Gedicht ausdrückte[161]:

"Keines Menschen Beginnen führt jemals zum Ziel und Erfolge,wenn nicht Gott
seinen Rat gibt und auch dabei hilft.seine Hilfe ist da, wenn im Bewußtsein des
Rechten jeder die Pflicht seines Amts gut und gerecht nur erfüllt und von der Macht
des hier zu Beistand bereiten Christus Hilfe verlangt und nicht zweifelt, daß sie
schon kommt.So wird ein Werk, das nützlich den Völkern und dir ist, gelingen,und
ein günstiger Wind wird auf der Reise dir wehn."

Dieses Loblied auf die Macht Gottes relativiert und kennzeichnet Melanchthons erzieherische Bemühungen und bewahrt vor Pelagianismus. Daher wird er auch von Luther
als Lehrer ausdrücklich gelobt[162].

Wie sehr Melanchthons Pädagogik in Ethik und Anthropologie und diese wiederum in
seine Theologie eingebunden sind, zeigt seine starke Betonung der Verbindung von
Frömmigkeit und Wissenschaft und seine Forderung nach Auswahl aus den besten Inhalten[163]. Aufgabe der Belehrung ist dabei neben der Beschreibung auch das moralische Urteil[164]. Zu diesem Zweck kommt es auf die Primärmotivation, auf die Konzentration auf das Wesentliche und dessen sachgemäße, die Auffassungsgabe berück-
sichtigende Anordnung und die Orientierung an den inneren Tugendbildern an[165].
Auch bei humanistischen Studien kommt es ihm auf die Beachtung ihres Zwecks und
Nutzens an.

---

160 G.R. Schmidt im Deutschen Pfarrerblatt 1/97,9
161 MWII/III.
162 WATR V,290, Nr.5646.
163 MW III,39.
164 MW III 85.
165 MW III 59.

Erst Evangelium und Heiliger Geist führen die pädagogisch vorbereitete Motivation in ihre wahre Tiefe, diese werden dann durch ethische Belehrung und Förderung erst in die angemessene Richtung geführt. Melanchthon entwickelte aus diesen Auffassungen heraus ein pädagogisches Curriculum[166].

Melanchthons Spiritualität läßt sich auch an zwei Bucheinträgen verdeutlichen, die sich auf zwei Melanchthonportraits aus der Werkstatt Lukas Cranachs finden. Die erste Eintragung schmückt die erste Ausgabe der loci communes und ist ebenfalls auf einem Portrait zu sehen. Hier entstammt das Zitat einer Rede des Basiliusfreundes Gregor von Nazianz.Es lautet in der Vorlage (or.37): "Dieses Wort (Mt 19,11) fassen nicht alle, sondern nur die, denen es gegeben ist ". Melanchthon paraphrasiert: "Alles, was richtig ist, ist von Gott. Es wird aber denen gegeben, die berufen sind dem zuzustimmen." Das Portrait trägt darüber hinaus noch ein Lobgedicht: Aus diesem lassen sich wichtige Übereinstimmungen zwischen Melanchthon und Basilius ablesen[167]: Die zweite Bucheintragung verbindet ein Zitat von Basilius mit einem lateinischen Gedicht Melanchthons[168]. Es lautet übersetzt:

*"Wer sich rühmen will, der rühme sich im Herrn, und er meint damit, daß Christus für uns Weisheit von Gott wurde, Gerechtigkeit und Heiligung und Erlösung, damit, wie geschrieben steht, wer sich rühmen will, der rühme sich im Herrn. Denn dies ist das wahre und vollkommene Rühmen in Gott, daß niemand sich wegen seiner eigenen Gerechtigkeit erhebt, sondern erkennt, daß ihm die wahre Gerechtigkeit mangelt und er allein durch den Glauben an Christus gerechtfertigt wird."*

---

166 Zunächst sollen sie anhand von Alphabet, Vater unser, Glaubensbekenntnis und Gebeten lesen lernen; außerdem sollen sie Cato und Donat lesen sowie singen, schreiben und lateinische Worte auswendiglernen. Die älteren Schüler sollen Musik üben, Äsopfabeln, die Mosella-Erzählung, Texte von Erasmus, Plautus und Terenz und nützliche Sentenzen lesen und auswendiglernen; vor allem aber solle die Grammatik im Mittelpunkt stehen; ein Wochentag ist daneben der Bibellektüre gewidmet. Eine ausgewählte Gruppe aus diesen Schülern soll darauf zusätzlich mit Vergil, Ovid, Cicero vertraut gemacht werden und sich zudem in lateinischem Reden sowie in Poetik, Rhetorik und Dialektik üben.
167 "Sicut apis vano fugens e flore liquorem subtili pressum nectare fingit opus.Sic selecta etiam tibi mens argute Melanthon et veris gignit scripta referta bonis.Haec apis officii memor in commune labrans,esse deo gratum, quod facit omne cupit.Cedice degeneros fucato pectore fuci,Haec apis est ipso vindice tuta deo"
168 Das Zitat entstammt Basilius' Predigt über die Demut (über 1Kor 1,30f.) und wurde von Melanchthon 1545 in seiner Rede über Basilius und am Basilius-Tag 1558 zum Thema der Magisterprüfung gemacht.VGl. Scheible 104.

Diese Zitate unterstreichen, daß es auch Melanchthon darauf ankommt, auf dem Weg spiritueller Erziehung dem Menschen die Erlösung aus der Selbstbezogenheit zu ermöglichen.

## Andere Reformatoren

Erlösungspädagogische Elemente finden sich auch bei Calvin. In seinen "Institutiones" verrät er eine eingehende Kenntnis der Platonischen Philosophie. Ähnlich wie im Höhlengleichnis führt auch bei ihm der Weg der Gotteserkenntnis aus dem Dunkel ins Licht. Für ihn ist Gott Grund und Ziel der Erkenntnis. Anders als bei Platon hat die Seele jedoch von sich aus keine Zugangsmöglichkeiten, sondern Gott offenbart in Christus das Offenbarungslicht und öffnet den Menschen durch seinen Geist hierfür. Außerdem stellt Calvin an die Stelle der Platonischen Anamnesislehre die Auffassung von den angeborenen Erkenntnisprinzpien (ICR II,2,14), die allerdings als Gabe Gottes gesehen werden. Im Widmungsschreiben der Institutio kritisiert er darüber hinaus die luxuriösen Zeremonien der Kirche und beruft sich dabei auf die Kirchenväter als Zeugen (85f.)[169]

In seiner Pariser Rektoratsrede von 1533 fordert er, man solle sich in wahrer Gottesfurcht von Sophismen und Ruhmsucht abkehren, dann würde man von Gott aus Gewissensnot befreit werden (17f.). In seiner Vorrede zur Olivetanbibel betont er daß der Mensch durch das Mosaische Gesetz zum Evangelium und damit zur Erlösung geführt werde (43f.).

Auch Zwingli setzte sich im Anschluß an Basilius' Jünglingsschrift in einem Werk mit der Frage auseinander "wie man die Jugend in guten Sitten und christlicher Zucht aufziehen und üben solle "[170]. Er betont dabei, daß Gott den seiner Sündhaftigkeit bewußten Menschen durch Geist, Vorsehung, Glaube und Evangelium zu sich zieht und durch die Weckung von Mitleid und Emotionen sowie durch Vorbildorientierung zum Maßhalten anhalten will. Hierbei dient Christus als Vorbild für ein lasterloses Leben und der Unterricht in den alten Sprachen als Waffenrüstung hierfür (163-69).

---

169 Zu den Inst.-Angaben vgl. Hoffmenn; Pädagogik; zu den übrigen Calvin-Seitenangaben vg. E. Busch, Jean, Calvin-Studienausgabe, Bd. 1, Neukirchen-Vluyn 1994
170 CR 89, 536/51. Seitenzahlen nach E. Künzli (Hg.) Huldrych Zwingli, Auswahl seiner Schriten, Zürich/Stuttgart 1962; vgl. a. Hoffmann, Pädagogik 137-45

Ähnlich fordert er in seiner Predigt über den Hirten, die Pfarrer sollten als Nachfolger Christi seine Lehre rein verkündigen, in der Einheit von Wort und Tat sich für Gott aufopfern und dabei auch strafende Liebe gegen die Gemeinde üben. Nur wer allein Christus gegenüber gehorsam ist, komme aus der Wolfshöhle der falschen Hirten heraus (169-79). Hintergrund dieser Forderungen ist die Auffassung, daß die Menschen, wie er in seinem Gedicht vom Labyrinth beschreibt, ohne Hoffnung auf Rettung und Licht im Finstern umherirren und nur durch Gottes Liebe und durch Weltflucht befreit werden können (14f.).

## 2.3.2.2. Die Pietisten

Vorbemerkung:

Im folgenden werden zwei Formen pietistischer Pädagogik unterschieden: eine gemäßigte, auf dem Boden von Tradition, Kirche und Orthodoxie sich bewegende (Francke), und eine radikale, durch die Wittgensteiner Gruppierungen vertreten, die sich von Kirche und Tradition, vor allem aber von der Orthodoxie lossagt.hier werden im Anschluß an Jakob Böhme, Johann Arndt, Gottfried Arnold mystisch -chiliastische Auffassungen vertreten, die sich zwar gegenüber den gemäßigt -pietistischen kaum durchsetzen konnten, deren pädagogische Implikationen aber dennoch der Aufmerksamkeit wert sind.

a) A.H. Francke

Bei Francke[171] sind der Informator als Vorbild für Tugend sowie der Praeceptor als Vorbild für Aufmerksamkeit ebenso wie biblische und historische Exempel von besonderer Bedeutung. Vor allem spielt das Bild vom Garten Gottes mit den Schülern als Pflanzen und Gott als Gärtner eine wichtige Rolle. Außerdem betont Francke den Weg zur wahren Gottseligkeit, auf den die Kinder gebracht werden müßten. Hier sei stets der goldene Mittelweg einzuhalten, um nicht vom Gottesweg abzuweichen[172].

---

171 "Kurzer und einfältiger Unterricht von der Erziehung der Jugend" u.a.
172 Vgl. Nipkow/Schweitzer 44/155

## b) Die radikalen Pietisten

Anders als die "innerkirchlichen" Pietisten Spener und Francke, denen es um eine Vertiefung und Verlebendigung lutherischen Glaubenslebens ging, versuchten einige Gruppen, die zwischen 1700 und 1740 in Wittgenstein sich ansiedelten, urchristliche Ideale zu verwirklichen. Das hatte auch pädagogische Implikationen. Diese betreffen vor allem den Dualismus zwischen oberflächlichem Glauben und wahrer, im Sinne der Erlösungsvorstellung gedeuteten "Wiedergeburt ". Hier ist vor allem an die "Historie der Wiedergeborenen" zu denken[173].

Daneben spielt auch die Berleburger Bibel eine wichtige Rolle, aber auch der Katechismus von Pfarrer Abresch oder die Wittgensteiner Schulordnung aus der Mitte des 18. Jh. In letzterer wird, ähnlich wie bereits von Luther und Melanchthon, das Fehlen von religiöser Bildung und Erziehung beklagt[174].

---

173 Die behandelten Personen werden ohne Rücksicht auf Geschlecht, Stand oder Berühmtheit ausgewählt. Gemeinsam ist ihnen allen, daß sie nach schweren Prüfungen und Kämpfen durch Gottes Geist und Wort" erweckt und wiedergeboren worden sind und zum Glauben und zur Ruhe ihres Gewissens gekommen sind und dieses den Nachgeborenen weitergeben. Den einzelnen Teilbänden der "Historie" sind allegorische Titelbilder beigegeben, in denen der Weg der Wiedergeburt geschildert wird: vom naiven Weltmenschen, der von Gott heimgesucht wird, dem nach einigem Schwanken zwischen Gott und Teufel der Weg zum demütigen Gebet eröffnet wird, der daraufhin alles Irdische abwirft und nackt zum Kreuz aufsteigt, wo er aufgenommen wird. Auch Pfarrer Abresch unterscheidet in seinem Katechismus zwischen wahrem und falschem bzw. halbem Glauben. Ersterer wird als himmlisches Licht gesehen, wodurch man Jesus Christus als Heiland erkennt. Daneben wird der Glaube auch als Hunger und Durst nach Vereinigung mit Christus bezeichnet, um durch ihn nach und in dieser Zeit weise, gerecht, heilig und erlöst zu leben. Damit verbunden sind sowohl die Geringachtung der weltlichen Dinge und die Seelenreinigung.
174 Hinzu kommen auch die „Inspirierten", Wanderprediger, die das demütige Empfangen von Offenbarungen predigen, durch die Christus eingepflanzt werde und so zu guten Früchten führe.

- Die Pädagogik der Berleburger Bibel

Das Titelkupfer aus Band 1 der Berleburger Bibel, auf dem der geschmückte Zugang zum himmlischen Jerusalem zu sehen ist, zeigt die wichtige Bedeutung der Erlösungsvorstellung für diese Bibelauslegung auf. Die Berleburger Pietisten sahen sich selbst als die philadelphische Gemeinde. Altes (Gebotstafel, Lichtwolke) und Neues (Kreuz, Leuchter) Testament (Buch) behüten den Eingang wie Engel. Gott krönt die Gemeinde. Der Durchgang zur 12- torigen himmlischen Stadt, in deren Zentrum das siegreiche Lamm Gottes thront, verbindet den "Friedensfürst" mit den "Friedenskindern ". Er trägt die neutestamentliche Verheißung:

Siehe ich habe vor dir gegeben eine offene Tür, und niemand kann sie zuschließen, denn du hast Kraft und hast mein Wort und meinen Namen nicht verleugnet (Apk 3). Dem Aufstieg zu diesem Tor ist vom AT her verheißen: "Der Gerechte wird grünen wie ein Palmbaum, er wird wachsen wie eine Zeder auf dem Libanon. Die gepflanzt sind im Hause des Herrn, werden in den Vorhöfen unseres Gottes grünen" (Ps.92,13f.). Hier wird also spirituelles Wachstum erzieherisch als Aufstieg zum verheißenen Reich Gottes interpretiert. Dieses die Kommentare der Bibel bestimmende Programm läßt sich insofern, wenn auch nur implizit, als pädagogisch bezeichnen, als der hier aufgezeigte Aufstieg zum wahren Christentum anhand der Ausrichtung an der entsprechend interpretierten heiligen Schrift erreicht und vermittelt werden soll. Hierzu gehört nicht nur der möglichst wörtlich übersetzte Text, sondern vor allem der erläuternde Kommentar, in dem ganz bewußt auf die Lebensführung des Einzelnen Bezug genommen wird[175]. Nur die innere Erkenntnis schützt den Menschen vor Versuchungen. Nach der Berleburger Bibel ist der vollkommene Christ derjenige, der sich gänzlich Jesus Christus verschrieben hat, in ihm lebt und ihm nachfolgt, sich täglich durch Wort und Sakrament von ihm nährt, sich nach Gott sehnt und in Weltentsagung dem Doppelgebot der Liebe entspricht. Hierbei folgt man der alt-

---

175 Vgl. den Titel des Werkes, in dem nicht nur auf den Grundtext, sondern auch auf „Erklärungen des buchstäblichen Sinnes wie auch der fürnehmsten Fürbildern und Weissagungen von Christo und seinem Reich und zugleich einigen Lehren, die auf den Zustand der Kirche in unseren letzten Zeiten gerichtet sind", vor allem aber auf eine Erklärung hingewiesen wird, „die den inneren Zustand des geistlichen Lebens oder die Wege und Wirkungen Gottes in den Seelen zu deren Reinigung, Erleuchtung und Vereinigung mit ihm zu erkennen gibt." Hieraus wird deutlich, daß man zu Gott selbst hinführen will; vgl. Hofmann 19

kirchlichen und reformatorischen Tradition[176] Als wahre "Seelenmedizin", die nach 2Pt 1,4 Anteil an der göttlichen Natur gibt, werden die Psalmen angesehen. Daneben wird auch (in Bd IV) die "profetische Leuchte" als Wegweisung zum Evangelium und damit zur Wiedergeburt durch reiche Lehr- und Exempeltradition gelobt. So wird der Berg (Jes.2,2f.) mit dem Gekreuzigten bzw. mit dem Seelenzentrum verglichen, zu dem die Völker "hinauffließen".

Gott als "das Allerinwendigste und auch das Höchste über alles[177] füllt die im mystischen Tod, in der geistlichen Hölle entleerte Seele mit seiner Liebe aus, indem er durch sein machtvolles Wort wirkt[178] und den Durst nach Christus und nach der Gottesschau mit dem inwendigen, gereinigten Auge stillt.

Um im geistlichen Wandel voranzuschreiten, gibt der Heilige Geist der Seele Geistes -Mannheit und Glaubensmut[179]. Außerdem hilft das "Fünklein der göttlichen Weisheit als Rest des göttlichen Bildes" (Spr.30)[180], indem es die Seele in neuer Geburt durch Buße zur Zucht führt, sie entwöhnt, mit Unschuld bekleidet und zu Gott führt sowie in ihr als Mutter den Glauben gebiert und, wird sie errungen, in der Gottesversenkung ewiges Leben in der ursprünglichen, androgynen Gestalt bringt[181]. Da nunmehr Christus in ihr handelt, kann die Seele in seiner Nachfolge auch die göttlichen Gebote in Gelassenheit und geistlichem Wandel voll erfüllen[182]. Ein solches der Wiedergeburt angemessenes Verhalten meint nicht die Überwindung der äußerlichen, sondern der innerlichen Welt[183]. Die unfruchtbare Kirche soll durch wahre

---

176 Calov, Schmidt und Osiander für den buchstäblichen Sinn, Cocceius für den moralisch-geistlichen Sinn, G. Arnold, Paul Anton v. Halle, die Marburger Bibel, die englische Bibelübersetzung von Robbert Gell (mit patristischem Material) und die Erklärungen der Madame de Guyon (für seelische Auslegung). Vgl. Hofmann 24. Daneben wird auch auf Kirchenväter (Augustin, Clemens, Chrysostomus, Gregor v. Nazianz) verwiesen; vgl. ders.26f.
177 Vgl. ders.55.
178 Ders.62 verweist auf Mme de Guyon. Ders.71 beschreibt die Christologie mit dem Bild von Sprecher (Gott) und Wort (Christus), ders.75 auf die Harmonie zwischen Gott und Mensch in Christus als Sieg über die Macht des Teufels. Vor allem dienen die Seligpreisungen als Weg der Entleerung von Sinnen, Verstand, Gedächtnis, Wille und Liebe
179 Vgl. ders.92.
180 Ders.99.
181 Ders.100f. verweist auf G. Arnold als Parallele.
182 Ders.116 verweist auf Mme de Guyon als Vorbild.
183 Ders.123 verweist auf die enge Verbindung von Ethik und Wiedergeburt.

Wiedergeburt fruchtbar gemacht werde[184]. Die inspirierte Schrift will in heilsge-
schichtlich -pädagogischer Weise durch warnend -ermahnenden exemplarischen
Unterricht den Heilsplan und -weg Gottes aufzeigen. Hierbei kommt den Psalmen als
einer idealen Anleitung zur Seelenruhe und Gottesnähe, als vollständige Tugend-
und Sittenlehre zentrale Bedeutung zu[185].

Vor allem die Interpretation von PS 104 (V.21) ist für die vorliegende Problematik
von besonderer Bedeutung, da die dort geschilderten Löwen, die nachts ihre Höhlen
verlassen, mit den Seelenkräften verglichen werden. die in geistlicher Finsternis
sind. Wenn die Christus -Sonne scheint, zieht sie die Seele aus dem Dunkel an, worauf sie dann wieder in sich selbst eingeht, um in der göttlichen Weisheit zu wandeln.
So ruht sie wiederum wie vorher in ihrer Höhle, welche sie selbst ist (III 201). So
führt Gottes Weg zur Vollkommenheit.

Im Zusammenhang mit der Erlösungsvorstellung ist auch die Betonung des Weges
zum Evangelium und damit zur Wiedergeburt von besonderer Bedeutung. So wird in
der Interpretation von Jes.2 sowohl Christus mit einem Berg verglichen, auf dem die
Völker emporströmen, als auch der Zionsberg mit dem Seelenzentrum identifiziert
(Bd.IV). Außerdem ist auch die Interpretation des Hohelieds wichtig[186]. Es wird in
der Einleitung (741) als starke Speise für Ältere bezeichnet, die zur Vollkommenheit
führt, und die für den gottliebenden, gereinigten, weltentsagenden Leser als Trost
und Zehrpfennig beim Sterben dient. Das Hohelied entflamme die Seelen zum Himmel, indem es die geistliche Ehe zwischen Christus und der Seele/Kirche zeige. Die
Kirchengeschichte wird dabei als Abfolge der Gemeinden aus der Apokalypse gedeutet. Im Hinblick auf die Erlösungsvorstellung ist vor allem die Deutung der Kapitel 5-7 wichtig. Dort wird beschrieben, wie der äußere Mensch schläft, während
der innere, wiedergeborene Mensch wach ist. Von fleischlicher Lust gereinigt,
schmachtet die Seele auf die unio mystica hin. Durch ihr Fortschreiten im Glauben
wird die philadelphische Gemeinde von der äußerlichen Kirche gelobt. Die Seele
wandelt unter Leitung des heiligen Geistes auf Wegen und Tugenden, trägt Schuhe
als Zeichen für christlichen Wandel in Freiheit. Dabei bedingen Fortgang und Ruhe

---

184 Vgl. ders.144. Entsprechend wird der Türkensturm als Gericht über die Kirche interpretiert
(ders.152.). In diesem Zusammenhang wird die reformatorische Abschaffung der Klöster kritisiert
(ders.155).
185 Vgl. ders.170-75
186 Vgl. ders.188.

einander. So sucht sie die Einsamkeit. Der Aufstieg der Seele wird als allmähliches Fortschreiten (um wieder vom Berg herabzusteigen: Ioh.3,13) gedeutet. Ähnlich werden die Sprüche Salomonis (15,24/30,4) als Handbuch für glückliches Leben in dieser Zeit und ewigen Seligkeit sowie als eine Sittenlehre für alle Altersstufen gedeutet. Die Bibel als ganzes beschreibt den Prozeß der Reinigung, Erleuchtung und der Wiedergeburt zur Vereinigung der Seele mit Gott (Bd.I,II-IID).

Ähnlich werden die Seligpreisungen der Bergpredigt als Weg der völligen Entleerung der menschlichen Seele und zugleich ihrer Epektasis, ihrer Sehnsucht nach der Gottesschau mit dem gereinigten Seelenauge interpretiert.

Diese dargelegten Belege für die Verwendung des Bildes vom Erlösungsweg in der Berleburger Bibel zeigen, wie sehr die radikalen Pietisten daran interessiert waren, eine solche Erlösung aus irdischen Bindungen zu vertiefter Frömmigkeit auf spirituelle Weise zu vermitteln.


## 2.3.3. Befund

Sowohl die Reformatoren als auch die Pietisten gingen von der Auffassung aus, daß der Mensch in der Sünde gefangen ist. Nur Gott selbst kann ihn daraus befreien. Allerdings unterscheiden sich Reformatoren und Pietisten in der Gewichtung des menschlichen Tuns bei diesem Erlösungsprozeß.

So gehen Luther und andere Reformatoren davon aus, daß der Mensch aus eigener Kraft nichts zu seiner Erlösung beitragen kann, sondern auf Gottes Handeln angewiesen ist. Die Pietisten dagegen, vor allem in ihrer radikalen Form, sind davon überzeugt, daß der Mensch durchaus zur Erlangung des von Gott in Aussicht gestellten neuen Lebens eigene Schritte in der Nachfolge Christi gehen kann und muß. Beiden Gruppen gemeinsam ist die Auffassung, daß zu dieser Erlösung aus dem alten zu einem neuen Leben Umkehr und Buße notwendig und mit Gottes Hilfe erreichbar sind. Darin treffen sie sich auch mit der katholischen Tradition, vor allem mit Ignatius von Loyola, dessen Exerzitien als "Grundmanifest der Freiheit"[187] gelten, indem sie den von der Welt umhüllten und gefangenen Menschen zum Gotteslob durch Weltgleichmütigkeit befreien und den Menschen nach Gottes Willen fragen lassen.

---

187 Boros 14

## 2.3.4. Erzieherische Implikationen

Reformatoren und Pietisten greifen aus den Anregungen der Antike und des frühen Christentums einen dort gefundenen zentralen Aspekt von "Erlösungspädagogik auf und erläutern ihn auf ihre Weise: Der eigentliche Lehrer zum spirituellen Aufstieg ist und bleibt Gott bzw. Christus. Anders als die Humanisten, die auf die menschliche Aktivität Wert legen, folgen Luther und die Pietisten dem mystischen Bildungsbegriff, wonach Bildung das "Ein -Bilden" in Christus bedeutet[188]. Weil Glaube, d.h. die Sündenvergebung in Christus aufzunehmen, eine lebenslange Aufgabe und Übung darstellt, bedeutet Erziehung zum Glauben für Luther, Empfangender und Hörender zu werden und sich darin zu üben, auch als Erwachsener Kind Gottes zu werden. Hilfen hierbei sind Bibel, Kirchenlied, Katechismus und Predigt. Entsprechend hoch ist die Wertschätzung von Lehrern und Predigern. Glaube und Erziehung gehören also untrennbar zusammen, auch wenn es keine explizit christliche Schule oder Pädagogik, sondern nur eine weltliche Erziehung zum Glauben gibt. Der Weg hierzu ist ein beständiges zu Christus gezogen werden[189]. Ähnlich wie den Kappadoziern geht es auch den Reformatoren mehr oder weniger darum, die Christen zu "vere christiani" zu machen[190].

Die Auffassung, daß der Mensch als Sünder auf die Befreiung auf Gott hin und durch ihn angewiesen ist, findet sich nicht nur bei den Reformatoren, sondern auch bei Comenius. Ähnlich wie Luther geht es auch ihm darum, den homo incurvatus aus seiner Selbstbezogenheit auf Gott als sein Zentrum zurückzuführen und so Mensch, Kirche und Gesellschaft zu reformieren.

---

188 Ruhbach 199 verweist neben Luther auch auf Tersteegen als Parallelen. Vgl. zum folgenden ders.200-13.
189 Vgl. neben den Hohelied-Kommentaren auch Johannes vom Kreuz in der „dunklen Nacht (2,16,7-8159-61): Gott befreit den Menschen von seiner Selbstsucht, indem er ihm die Habe nimmt und ihn an die Hand nimmt, um ihn zum Heil durch das Dunkel zu führen.
190 Ähnlich wie Basilius auf Autoritäten verweist, schreibt Luther in der Adelsschrift, daß die Zuhörer bzw. Leser nicht ihm, sondern Christus gehorchten. Auch wenn Basilius weder mit dem Teufel noch mit Christus argumentiert, geht es auch ihm um die Durchsetzung christlicher Werte bereits in der Jugend. Hierbei spielt der Abwehrkampf gegen Versuchungen aller Art eine wichtige Rolle, die Luther in der Figur des Teufels personifiziert. Wie sehr Basilius gerade für reformatorische Zwecke Verwendung fand, zeigt in diesem Zusammenhang Melanchthon mit seinem häufigen Gebrauch eines Basiliuszitates aus "de humilitate" als testimonium für die reformatorische Auffassung vom sola fide.Vgl. Scheible 104.

Diesem Ziel ist auch sein enzyklopädischer Anspruch untergeordnet[191]. Seine gewaltfreie Pädagogik orientiert sich allein an der Natur und an dem Entwicklungsstand jedes Schülers[192]. So führt Comenius das demokratische Anliegen Luther fort. Mit Zwingli und Andreae verbindet ihn das Bild vom "Labyrinth der Welt "[193], d.h. die Aufassung, daß der Mensch auf seinem Lebensweg Täuschungen unterworfen ist. Erst im Anblick des Todes wird ihm der Rückweg ins Zentrum bzw. Paradies des Herzens eröffnet[194]. Auch nach Erasmus müsse man alle Gedanken auf die Bewunderung der himmlischen Dinge richten, um so auch zu rechtem Verhalten zu gelangen[195]. Sowohl die Kirchenväter als auch Luther und die Humanisten waren dabei bestrebt, sich vor extremen Forderungen zu hüten. Sie waren sich bewußt, daß angesichts einer überwiegend "heidnischen ", d.h. an christlichen Inhalten und Lehren nicht oder kaum interessierten Umgebung ein pragmatisches Vorgehen am ehesten zum Erfolg führen würde. Die Kinder christlicher Eltern sollten nicht von vornherein vom traditionellen Bildungsgut ausgeschlossen werden; vielmehr galt es, die humanistischen Ideen einer Transzendenz- und Tugendorientierung quasi zu "taufen ". Andererseits sollten die Schüler jedoch vor den Gefahren bewahrt werden, die mit dem traditionellen Ausbildungssystem verbunden waren. Hierzu gehörte ein ausschweifendes Schüler- und Studentenleben ebenso wie materialistische oder gotteslästerliche Lerninhalte oder entsprechend geprägte Lehrer. Umgekehrt sollten durch eine frühzeitige, an christlichen Werten orientierte und geistlich geprägte Erziehung die Wurzeln für ein entsprechendes Verhalten in Familien, Gemeinden und Kirche gelegt werden. Auch bei den radikalen Pietisten lassen sich ähnliche Auffassungen finden[196].

---

191 So trägt seine "Didactica magna" den Untertitel: "Die vollständige Kunst alle Menschen alles zu lehren".
192 Vgl. Dieterich 56f.
193 In der ‚panscholia" dem 5. Kapitel der "Pampaedia", sieht Comenius Welt und Leben als Schule an, in der neben Lesen und Schreiben besonders Frömmigkeit, Moral und Wissenschaft gelehrt wird. Das entspricht seiner Lehre von den drei Büchern Gottes (Welt, Geist, Offenbarung).
194 Zu Comenius' Gleichnis vgl. Nipkow 15-20; J. Patocka 1013; Lochman 12f ,33-39; Schaller 15
195 Auch Comenius fordert, die Kinder auf das jenseitige, Gott- und tugendgemäße Leben auszurichten (Did. Magna ).
196 Hochmann von Hochenau schreibt über die Obrigkeit, er unterwerfe sich ihr im Rahmen der göttlichen Ordnungen nur in Zivilangelegenheiten, in Dingen aber, die wider Gottes Wort und das Gewissen stehen, streite er ihr die Gewalt ab. Außerdem solle man über Gott nicht disputieren, sondern sich seiner innerlichen , durch den Heiligen Geist bewirkten Erfahrung unterwerfen (vgl.  .

Daß sowohl die Reformatoren[197] als auch die Pietisten[198] immer wieder auf die Kirchenväter verwiesen, zeigt neben dem entsprechenden Studium auch erzieherische Hintergründe, die bereits die Verwendung antiker Autoren bei den Kirchenvätern bestimmte: Am regulären Bildungsgut sollte durch vertieftes Verständnis das wahre Christentum vermittelt werden.

Als Verbindung zwischen frühem Christentum und Reformationszeit läßt sich das Motiv vom Leben als Kampf ansehen, das nach Basilius und vor Luther vor allem Erasmus betonte. In seinem "Enchiridium militis christiani" beschreibt er das Leben als einen ständigen Kampf, auf den es sich vorzubereiten gilt, und nach dem in Christus als Ziel ein unermeßlicher Siegespreis winke. Daher solle man durch Bibellektüre Mut und Zuversicht gewinnen. Hinzu kommt die "Rekrutenschule" der heidnischen Dichter und Philosophen. Man möge sich allerdings gelassen und erst in einem bestimmten Alter damit beschäftigen und sich dies gleichsam nebenbei aneignen. Allerdings solle man nicht mit den Schriften der Heiden auch ihre Sitten annehmen, jedoch auch das Nützliche und Bibelpropädeutische nicht verachten. Der anstrengende Weg der Frömmigkeit werde durch die Hoffnung auf Lohn und durch die göttliche Salbung erleichtert, die alle Galle zu Honig mache. Ziel bleibt, sich ganz auf das Vorbild Christi zu konzentrieren, ohne Irdisches zu beachten. Daher sollte jeder Christ von der Wiege an christliche Meinungen in sich aufnehmen und in jedem Alter danach trachten, daß alle landläufigen Irrtümer mit der Wurzel herausgerissen werden. Auch betont Erasmus den geringen Wert irdischer Güter. Das gelte nicht nur vom Geld, sondern auch für Ehren, Vergnügungen, Gesundheit, ja selbst für das Leben des Körpers. Man solle sich lieber mit Eifer zu Christus, dem einzigen Ziel, emporarbeiten, sodaß keine Zeit bleibt, sich allzusehr darum zu kümmern, ob einem diese Dinge gegeben oder genommen werden.

---

197 Schucan 183 verweist auf Luthers Kritik an Basilius in den Tischreden (252/5089; WA Tr.1,206/4,652)sowie auf Melanchthon 1522 ("quonam iudicio legendi autores; CR 20,699-709). Außerdem habe Vincentius Obsopolens in seinem Vorwort zu den Briefen des Basilius und Gregor von Nazianz den Konflikt des Basilius mit Arius mit demjenigen Luthers mit Müntzer und Ökolampad gleichgesetzt.
198 Hier ist z.B. die an Kirchenväterzitaten reiche Bibelübersetzung von Robert Gell für die Berleburger Bibel zu denken.

Nirgends dürfe man in den zeitlichen Dingen stehenbleiben, sondern von ihnen aus zur Liebe der geistigen Dinge emporsteigen, indem wir eines gegen das andere abmessen, oder für das, was unsichtbar ist, allmählich das Sichtbare verachten. Er verweist dabei auf Plato,der in der "Politeia" behauptet, daß keiner die Tugend ständig bewahren könne, dessen Geist ermattet sei durch die Ausrichtung auf Unwichtiges.

An die Stelle der bisherigen Irrtümer müsse die Wahrheit treten.Erasmus betont, daß es in jeder Kunst Regeln gebe, auch in der, glücklich zu leben.Es gebe mit einem Wort eine Schule oder Lehre der Tugend. Die sich darin eifrig übten, denen komme zuletzt der Geist zu Hilfe, der allen heiligen Vorhaben beisteht. Die jedoch diese Hilfe ablehnten, diese werde die göttliche Barmherzigkeit verwerfen, wie sie selbst die Einsicht verworfen haben. Auch wenn der Weg der Frömmigkeit bei weitem anstrengender wäre als der Weg der Welt, so würde dennoch die Härte dieser Mühen gemildert durch die Hoffnung auf Lohn und auf die göttliche Salbung, die alle Galle zu Honig mache. Erasmus fordert dazu auf, die Schüler vom Wert der Tugend völlig zu überzeugen, denn es sei "ganz unmöglich, daß einer, wenn er dieser Überzeugung ist, lange im Bösen steckenbleibt "(245). Daher solle man sich bemühen, auch dem, der "des Unvermögens oder der Schwäche des Geistes wegen noch nicht zu jenen geistigen Dingen gelangen kann ", zu helfen, "zumindest nahezukommen ". Dazu gehöre es, "alle unsere Gedanken so auf die Bewunderung der himmlischen Dinge zu richten, daß, wie der Körper den Schatten, die Liebe zu Christus die Liebe zum Ehrlichen und Ewigen....mit sich führt." (305)[199]. Erasmus verwendet die Erlösungsvorstellung vor allem erkenntnistheoretisch. Damit steht er eher in der alexandrinisch -scholastischen als in der mystischen Tradition.

In seiner Schrift "über die Notwendigkeit einer frühzeitigen Erziehung" beschreibt Erasmus das kleine Kind als tabula rasa, als beschreibbare Wachstafel. Es lerne anhand allmählicher Gewöhnung an Tugend durch Nachahmung vorbildlichen Verhaltens, z.B. am Beispiel antiker Fabeln. Darüber hinaus kommt er in seinem "Enchiridion" auf das platonisch interpretierte paulinische Modell (Jakob und Esau/Isaak und Ismael) des äußeren und inneren Menschen, d.h. auf den Konflikt zwischen göttlichem Geist und irdischem Leib zu sprechen, zwischen dem die Seele als Vermittlerin steht.

---

199 Vgl. auch A. Comenius, der in der "Didactica magna" fordert, die Kinder auf das jenseitige, Gott- und tugendgemäße Leben auszurichten.

Nach platonischem Muster werden die Seelenteile mit einem Staatswesen (Führer, Wächter, Volk) verglichen. Ziel ist es, ähnlich wie bereits bei den Wüstenvätern[200], die Leidenschaften nicht auszurotten, sondern zu bändigen. Sein Lob der monastischen Einsamkeit unterstreicht Erasmus neben der entsprechenden Vorliebe von Dichtern und Künstlern u.a. auch mit Platons Akademie und mit seinem Dualismus (68). Auch Vives sieht die antike Literatur und Wissenschaft als wichtige Vorstufe zur religiösen Praxis. In "de tradendis disciplinis" verweist er in diesem Zusammenhang auf Basilius, der Mose für seine Beschäftigung mit den ägyptischen Wissenschaften gelobt habe, da diese ihn zur Gottesschau geführt hätten. Erasmus setzte sein Programm, das er im Enchiridion ausbreitete, in den Colloquia in die Praxis um, indem dort in leicht lernbarer und nachvollziehbarer Dialogform Irrende über ihr Verhalten aufklärte und zum Nachdenken anregte. Dabei geht es um Themen wie Krieg, Liebe und Ehe, Heiligenverehrung, Herrscher etc[201]. Im Brief an Joh. von Vlatten von 1523 betont Erasmus nicht nur die Bedeutung der Textkritik, sondern fordert auch, der Lehrer solle Charakter und Bildung zeigen, die besten Autoren und nur einwandfreie Dichter auswählen. Erst so könne die antike Literatur ihren Nutzen für die sprachliche Anregung und ihre beruhigende und klärende Wirkung auf das Gemüt entfalten. Das deckt sich mit bereits für Basilius dargestellten Beobachtungen. Auf die später auch von Luther betonte Rolle der Erfahrung kommt Erasmus u.a. auch im "Lob der Torheit" zu sprechen. Erst durch praktische Erfahrung ohne Scham und Furcht lernt der Mensch, wie schnell jedes Ding in sein Gegenteil verkehrt wird. Deshalb soll er Kindheit und Jugend nicht mit wissenschaftlichen, d.h. scholastischen Studien vertrödeln. Um so zu wahrer Klugheit zu gelangen, ist eine Ent -Täuschung von Eigenliebe und falscher Schmeichelei nötig, wodurch die Schulen zu Denkwüsten und Folterkammern verkommen seien. Während Erasmus mit Basilius die Auffassung vom Erkenntnisfortschritt von der irdischen zur transzendenten Wirklichkeit wie auf einer (Jakobs)leiter verbindet, fordert er, ähnlich wie später Luther, daß neben den Eltern auch die Obrigkeit für die Ermöglichung eines solchen Lernprozesses verantwortlich sei.

---

200 Vgl. S. 71f. dieser Arbeit.
201 Schoch von Fischenthal   weist vor allem auf diesen Aspekt (neben anthropologischen und früherzieherischen) hin.

Sowohl die Reformatoren als auch die (radikalen) Pietisten waren von der Notwendigkeit überzeugt, die Bevölkerung über die elementaren christlichen Lehrinhalte zu informieren. Daher schufen sie die Katechismen sowie neue Bibelübersetzungen und Kommentare. Der Grund hierfür lag darin, daß zuvor theologische Bildung nur dem Klerus vorbehalten war (Klosterschulen). Reformatorische und (radikal-)pietistische Katechismen unterscheiden sich allerdings darin, daß der lutherische vor allem den kognitiven, der reformierte den affektiven und Abresch den pragmatischen Aspekt betont, auch wenn es in allen Katechismen um die Verbindung von Wissen und Lebensführung geht. Außerdem verbindet die Katechismen die Auffasssung vom allgemeinen Priestertum aller Christen, die zwar bereits bei den Kappadoziern impliziert, in den Folgejahrhunderten jedoch von der rein klerikalen Ausbildung überdeckt worden war. Dieser gegenüber dem platonischen Elitedenken demokratisch zu nennende Ansatz ist für die Religionspädagogik insofern von entscheidender Bedeutung, als er spirituelle Entfaltung und Erlösung auch benachteiligten Bevölkerungsgruppen ermöglicht, wie Luthers Adelsschrift bzw. die Francke'schen Anstalten belegen. Hiermit verbunden ist auch die "Verweltlichung" der Erziehung, die von Luther immer wieder vom Evangelium unterschieden und als seine Vorbereitung im Sinne von Gesetz und Evangelium charakterisiert wird. Damit können die Reformatoren, und in ähnlicher Weise auch die Pietisten, im pädagogischen Bereich als Wegbereiter der Aufklärung gelten.

So wies z.B. auch Comenius ebenso wie Rousseau immer wieder darauf hin, daß jede Erziehung letztlich zu Gott führen müsse. Der wiederholte Verweis der Reformatoren und Pietisten auf die innerliche geistliche Erfahrung Gottes zeigt, daß es ihnen um die Vermittlung einer spirituellen Lebensweise und Frömmigkeit im Sinne einer ganzheitlichen imitatio Christi ging, die sie bereits in der mystischen Tradition fanden und weiteren Kreisen zugänglich machen wollten. Die Forderung einer Heiligung und Reinigung der Seele zu Lebzeiten hat nicht nur mit der Naherwartung zu tun, sondern hat auch pädagogischen Charakter, indem das menschliche Bemühen sich nach Gott und Christus auszurichten hat, um ihm immer ähnlicher zu werden.

Dieses setzt jedoch eine innere Distanzierung von weltlichen Anschauungen und Lebensformen voraus.

Die Schüler sollen somit erkennen, daß ihre Erlösung zu einem vertieften Wirklichkeitsverständnis trotz der nötigen Bereitschaft zum Umdenken und dem anstrengenden Umgang mit Anfechtungen und Widerständen letztlich ein Geschenk bzw. Gnade bleibt. Wie dieses angesichts der gegenwärtigen schulischen und gesellschaftlichen Praxis umsetzen läßt, soll im folgenden erörtert werden.

### 2.3.5. Erzieherische Konsequenzen

In der erzieherischen Praxis spielt neben dem Motiv des neuen, erlösenden Exodus in der Nachfolge Christi in seinem Geist[202]der befreiend -erlösende Aspekt im "Vater unser" eine wichtige Rolle[203]. Die Bitte um Erlösung von dem Bösen setzt nicht nur die Selbsteinschätzung als Gefährdetsein voraus, sondern auch das Vertrauen in denjenigen, der vor den Versuchungen am Wegesrand zur vergebenden, sättigenden Gerechtigkeit von Gottes Reich, seinem Namen und seinem Willen retten kann.

In der Arbeit mit Kindern kann die Beschäftigung mit dem "Vater unser" zu einer Auseinandersetzung mit eigenen Vaterbildern führen. Daran anknüpfend läßt sich ansatzweise vermitteln, was mit der "Erlösung von dem Bösen" gemeint sein kann. Diese "Erlösung von dem Bösen" ist auch für die Jugenderziehung in Schule und Kirche ein wichtiger Aspekt. Hier spielen auch die Erfahrungen der Jugendlichen mit Okkultismus und Satanismus eine nicht zu unterschätzende Rolle.

In der Erwachsenenbildung ermöglicht die Beschäftigung mit dem "Vater unser" eine Reflexion der eigenen Vater- bzw. Elternrolle.

---

202 Vgl. Werbick 161f.
203 Vgl. Boffs befreiungstheologische Interpretation

## 2.4. Die Erlösung aus der Isolation: Spirituelle Erziehung in der Gegenwart

### 2.4.1. Vorbemerkungen

Die Religionspädagogik des 20.Jh. ist geprägt von einer bemerkenswerten Bandbreite an Modellen und Anschauungen, die sich vor allem aus ihrer Nähe zu den Humanwissenschaften und zu Formen religiösen Lebens klassifizieren lassen. Vor allem aber ist die moderne Religionspädagogik durch die curriculare Diskussion geprägt. Im Blick auf die "Pädagogik der Erlösung" müssen diese Aspekte ebenso wie in den Untersuchungen der antiken, frühchristlichen und reformatorisch -pietistischen Pädagogik weitgehend ausgeklammert werden, da sie, ähnlich wie die sophistischen oder orthodoxen Alternativkonzepte, den spirituellen, transzendent -ganzheitlichen und befreienden Charakter von Erziehung weitgehend außer acht lassen[204]. Hier spielt die bereits bei Schopenhauer zu findende Vorstellung von der Erlösung durch Erkenntnis eine wichtige Rolle[205].

Die folgenden Untersuchungen konzentrieren sich auf die Konzepte von Dietrich Bonhoeffer und Ernst Lange, da es beiden in ähnlicher Weise um das Befreiungsmotiv und dessen gesellschaftspolitischen Kontext geht.

Anhand ihrer Gedanken zu dieser Thematik soll deutlich werden, inwieweit die geschichtlichen Traditionen einer "Erlösungspädagogik" auch heute wirksam werden.

---

204 Eine gewisse Ausnahme bildet Herbart, der durch die antiken und frühchristlichen Auffassungen von Erziehung beeinflußt den Schüler in eine förderliche Richtung lenken will. Er sieht Erziehung als „Regierung" durch Autorität und Liebe an. Für ihn hat Sittlichkeit nur im Willen nach richtiger Einsicht Bedeutung Sei Interesse für einen Gegenstand geweckt, müsse dieses durch Zucht in die richtigen Bahnen gelenkt werden, um so eine fortschreitende Teilnahme an den Dingen in Form eines Lehrplanes zu erreichen.

205 Vgl. Sauter-Ackermann, bes. 78f.

## 2.4.2. Zu den Autoren

### *2.4.2.1. Dietrich Bonhoeffer*

Auch wenn Dietrich Bonhoeffer nicht als Religionspädagoge im engeren Sinne zu verstehen ist, kann man ihn im weiteren Sinne durchaus zu den Verfechtern einer spirituellen Erziehung zählen: Als Leiter des Finkenwalder Predigerseminars, als Prediger, Schriftsteller und Redner war er um dieses Anliegen bemüht. Vor allem in der Briefsammlung "Widerstand und Ergebung" aber auch im "Gemeinsamen Leben" und in der "Ethik" ging es ihm um die befreiende Wirkung des Christentums im Alltag. Aus seiner eigenen Gefangenschaft heraus konnte er wichtige Impulse für die spirituelle Erlösung geben. Dabei ging es ihm darum, durch die Erlösung von falschen religiösen Bindungen und Hemmungen glauben zu lernen, im "Beten und Tun des Gerechten unter den Menschen" und im "Warten auf Gottes Zeit" wahre Freiheit auch in Unfreiheit zu (er)leben, in Zucht und Erkenntnis der Aufstehung Christi das "weltlich für andere da sein" zu leben[206].

In "Widerstand und Ergebung" schildert er in Briefen an seine Familie, wie er aus der Gefangenschaft heraus wichtige Impulse für seine Frömmigkeit erfuhr. So stellt er im "Rechenschaftsbericht" aus dem Jahre 1943 fest, daß sowohl die Vernünftigen als auch die ethischen Fanatiker und der Gewissensmensch, ja selbst der Pflichtbewußte, der Tugendhafte und der "in eigenster Freiheit in der Welt seinen Mann" (11) Stehende angesichts der nationalsozialistisch -dämonischen Verführung durch die verbreitete menschliche Dummheit (15f.) versagt haben. Nur der könne bestehen, "dem nicht seine Vernunft, sein Prinzip, sein Gewissen, seine Freiheit, seine Tugend der letzte Maßstab ist, sondern der dies alles zu opfern bereit ist, wenn er im Glauben und in alleiniger Bindung an Gott zu gehorsamer und verantwortlicher Tat gerufen ist, der Verantwortliche, dessen Leben nichts sein will als eine Antwort auf Gottes Frage und Ruf" (12).

---

206 Vgl. Mayer/Zimmerling 37-46.

In einem Brief an die Eltern vom 14.4.43 beschreibt er seine Haft als durchaus erträglich. Vor allem betont er "die Nötigung, sich innerlich zurecht- und abzufinden mit einer völlig neuen Situation, -das alles läßt das Körperliche völlig zurücktreten und unwesentlich werden; und das empfinde ich als eine wirkliche Bereicherung meiner Erfahrung" (27).

In einem weiteren Brief an die Eltern vom 24.6.43 schreibt er nicht nur von den Freuden der Naturbetrachtung, sondern analysiert auch das Dasein in Gefangenschaft. In dieser Ausnahmesituation neige der Mensch dazu, den Mangel an seelischer Wärme in seiner Umgebung bei sich selbst durch eine Übersteigerung des Gefühlsmäßigen zu ersetzen überstark auf alles Persönlich -Gefühlsmäßige zu reagieren. Um nicht aus dem Gleichgewicht zu geraten solle der Gefangene daher sich selbst immer wieder in Nüchternheit und Humor zur Ordnung zu rufen. Das werde gerade durch ein rechtverstandenes Christentum besonders wirksam ermöglicht.(44).In einem weiteren Brief vom 4.Oktober 1943 distanziert er sich zwar von der Meinung des Diogenes, Wunschlosigkeit sei das höchste Glück und ein leeres Faß die ideale Behausung. Dennoch hält er es für nützlich für junge Menschen, eine Zeitlang auf Wünsche verzichten zu müssen, solange nicht die Wünsche in einem ganz absterben und man indifferent wird(54). Am 18.12.43 schreibt er an einen Freund, er kenne nichts Quälenderes als die Sehnsucht. Manche Menschen allerdings seien so vom Leben enttäuscht, daß sie sich große Sehnsucht sozusagen garnicht mehr leisten. Anstelle des langfristigen inneren Spannungsbogens verschafften sie sich kurzfristigere und leicht zu befriedigende Freuden als Ersatz. Das sei das traurige Schicksal der proletarischen Schichten und der Ruin aller geistigen Fruchtbarkeit (94).

In einem Brief vom 12.2.44 setzt er sich mit dem ethischen Begriff "Einfachheit" auseinander, den er als dynamischen Erziehungsprozeß vom statischen "Geschenk "-Wert "Einfalt" abgrenzt. Analog verfährt er mit den Begriffen des statischen "Reinen" und des dynamischen "Maßvollen ". Während man sich ersteres in Taufe und Abendmahl schenken lassen kann, läßt sich maßvolles Leben lernen, was auch notwendig sei (116f.).

In der "Nachfolge" beschreibt er anhand der Auslegung der Bergpredigt sein Programm, Erlösung im Alltag zu leben. Hierbei spielt das Verhältnis von billiger und teurer Gnade eine wichtige Rolle.

Wahre Gnade ist für ihn ein Prinzip wie auch das "pecca fortiter ", billige Gnade dagegen nur ein neues Gesetz, das nicht hilft und nicht befreit. Ebenso sieht er wahre, teure Gnade als lebendiges Wort an wie das "pecca fortiter" als Trost in der Anfechtung und Ruf in die Nachfolge. Somit ist sie allein vergebende und befreiende Gnade (10). Diese teure Gnade ist allein an Jesus Christus gebunden, der zum inhaltlosen Folgen auffordert(Mk 2,14) aus den relativen Sicherungen und Berechenbarkeiten des Lebens heraus in die völlige Unsicherheit und Unberechenbarkeit, die sich in Wahrheit als die absolute, berechenbare und notwendige Sicherheit und Geborgenheit der Gemeinschaft Jesu entpuppt (14).

Für Bonhoeffer wird dem Menschen in der Tat des Gehorsams die Situation, glauben zu können geschenkt(23). Der Einzelne hat sich zu entscheiden zwischen der Unmittelbarkeit zur Welt oder zu Christus (47). Diese Entscheidung wird ihm jedoch von Jesus vorweggenommen, indem er sich als Mittler Gottes zwischen Mensch und Welt stellt und sie zugleich in dieser Entscheidung zur Armut, zum Verzicht und zur Einsamkeit selig preist und dadurch tröstet (57). Anders jedoch als die Schwärmer fordert Jesus zur Nachfolge im Verborgenen auf (97f.). Ein wichtiges Hilfsmittel, in der Nachfolge standhaft zu bleiben, stellt in diesem Zusammenhang das "Vater unser" dar (105-7). Sie hilft dabei, Nachfolge als kleine Schar auf schmalem Weg zu üben (125). Durch diesen Akt der Nachfolge, durch den Bruch mit der Welt in der Taufe wird nicht nur der Einzelne erneuert und geheiligt, sondern auch die Kirche, die als "Leib Christi" (165f.) ähnlich der Arche durch die Sintflut der Welt vom Geist Gottes versiegelt zum Heil der vollendeten imago Dei getragen wird (199f). In der "Ethik" wird dieses Programm theoretisch untermauert. Auch hier ist von den wahren Werten des wahren, gottgewollten Menschen die Rede, die in Jesus Christus erkennbar werden (19). In ihm wird auch die Antike zum "geschichtlichen Erbe im eigentlichen Sinne" (32). In ihm findet sich die eine Wirklichkeit, die "Gotteswirklichkeit in der Weltwirklichkeit" (62). Sie stellt sich jedoch ebenso verborgen dar, wie es die guten Taten der Nachfolger sein sollten (142). Zentrales Stichwort bei diesem Prozeß ist die "Verantwortung ": "Wir leben, indem sich in unserer Begegnung mit den Menschen und mit Gott das Ja und das Nein zu widerspruchsvoller Einheit verbindet, zu selbstloser Selbstbehauptung, zur Selbstbehauptung in der Selbstpreisgabe an Gott und die Menschen. Wir leben, indem wir auf das in Jesus Christus an uns gerichtete Wort Gottes Antwort geben.

Weil es ein auf unser ganzes Leben gerichtetes Wort ist, darum kann auch die Antwort nur eine ganze, mit dem ganzen Leben, wie es sich jeweils handelnd realisiert, gegeben sein. Das Leben, das uns in Jesus Christus als Ja und Nein zu unserem Leben begegnet, will durch ein Leben, das dieses Ja und Nein aufnimmt und eint, beantwortet werden. Dieses Leben....nennen wir Verantwortung" (172). Ihr korrespondiert der Begriff der Freiheit als ihre Voraussezung: Der Verantwortliche handele in der allein befreienden Bindung an Gott und an den Nächsten, wie sie uns in Jesus Christus begegnen, und zwar im Bereich der Relativität, im Zwielicht, das die geschichtliche Situation über Gut und Böse breitet, mitten in den unzähligen Perspektiven, ind denen jedes Gegebene erscheint. Der Handelnde hat daher nicht einfach zwischen Recht nd Unrecht, Gutem und Bösem zu entscheiden, sondern zwischen Recht und Recht, Unrecht und Unrecht." (193). Daher ist der Mensch vor Gottes Gebot nicht der Herkules am Scheideweg, er müsse nicht stets um die rechte Entscheidung ringen, sich in Konflikten aufreiben und dabei immer wieder scheitern und neu anfangen. Schließlich begegne Gottes Gebot nicht nur in den großen bewegten, bewußt erlebten Krisenmomenten des Lebens.

Der Mensch sei vielmehr vor Gottes Gebot bereits auf dem Weg, hat die rechte Entscheidung wirklich hinter sich, er darf das Eine tun und das Andere lassen, darf den Anfang schon gemacht haben und sich auf dem Wege von Geboten wie von einem guten Engel leiten, begleiten und bewahren lassen. Gottes Gebot hilft dabei in der Gestalt alltäglicher, scheinbar kleiner, bedeutungsloser Worte, Sätze, Winke und Hilfen. Das Gebot hat damit nicht in der Vermeidung der Übertretung, nicht in der Qual des ethischen Konfliktes und der Entscheidung, sondern im frei bejahten selbstverständlichen Leben in Kirche, Ehe, Familie, Arbeit und Staat sein Ziel. (220).

## 2.4.2.2. Ernst Lange

In seinen Aufsätzen, die unter dem bezeichenden Titel "Sprachschule der Freiheit" zusammengefaßt wurden, verdeutlicht Lange im Anschluß an den brasilianischen Pädagogen Paolo Freire, wie wichtig auch im modernen Europa eine "religiöse Alphabetisierung" geworden ist. Nicht nur Kinder und Jugendliche, sondern auch Erwachsene benötigen eine Möglichkeit, ihre Religiosität angemessen zu artikulieren, was sowohl Bitte und Lob als auch Klage und Anklage umfaßt und vor allem die Transzendenzsuche thematisiert.

Durch solidarisches Lernen, verbunden mit Evangelisation kommt es angesichts der Dialektik von Befreiung und Knechtschaft in der menschlichen Realität und Geschichte zu einer Erlösung aus sündhafter Verstrickung zu neuer Spiritualität[207].

Ernst Lange, einer der "profiliertesten Vertreter" des auf Gesellschaftsveränderung zielenden emanzipatorischen Modells kirchlicher Erwachsenenbildung "[208] geht von Situationen aus, "in denen Menschen unterdrückt sind, sei es durch Zwänge, die ihr Glücksverlangen in der Freizeitgesellschaft zum Scheitern bringen, sei es durch wirtschaftliche, rassische oder soziale Unterprivilegierung "[209], die er mit sensiblem "Gespür für Nuancen und Trends" und mit virtuoser Sprachkraft beschreibt.

---

207 Vgl. Galilea 93f.
208 R. Schloz in der Einleitung zu Lange 9 verweist hier auf Ch. Meier, kirchliche Erwachsenenbildung, Ein Beitrag zu ihrer Begründung. Stuttgart, Berlin, Köln, Mainz 1997.
209 A.a.O.

104

Indem er so die "Situationserhellung" in den Mittelpunkt kirchlicher Erwachsenenbildung rückte, ist er für die vorliegende Themenstellung als ein zentraler Vertreter einer "Erlösungspädagogik" anzusehen. So betont er das Problem der Übersetzung neuer Erfahrung in Erneuerung. Die christliche Sprache beziehe sich vor allem auf Verantwortung und Schuld, Konflikte und Versöhnung, sowie auf direkt wahrnehmbare aber vorindustriell bzw. pubertär geprägte Über- und Unterordnungsverhältnisse im Beruf und im öffentlichen Leben, habe aber Probleme, die Dimensionen der modernen Großstadt, der arbeitsteiligen Wirtschaft und der politischen Organisation zu benennen. Für die befreiende Wirkung des Gekreuzigten habe die religiöse Sprache immer noch kein angemesseneres Wort als ‚Herrschaft' für die Antwort der Befreiten nur "Dienst" und Gehorsam ". In einer solchen Sprache fehle die Welterfahrung und Weltverantwortung der zweiten Hälfte des 20. Jahrhunderts, sie sei jedenfalls nicht elementar genug, um die Gewissen zu befreien und neu zu orientieren. Christen lebten sozusagen mit einem parochialen Gewissen in einer universalen Welt.[210] Ein wichtiger Kontext seiner Überlegungen ist die moderne Freizeitgesellschaft. Langes Diagnose der Krankheit des Freizeitmenschen greift Aspekte auf, wie sie bereits bei den behandelten Autoren auftauchten: "Der Freizeitmensch ist ein Mensch auf dem Rückzug, auf der Flucht "[211], deren Etappen Privatisierung, Familisierung und Zerstreuung lauten. So wie Tantalus der enttäuschte Sisyphus, ist der Freizeitmensch der enttäuschte Arbeitsmensch, für den auch der Genuß zu einer Leistung wird. So ist auch er wie die beiden mythologischen "Helden" in einer Höhle bzw. Hölle gefangen und sieht aus dieser Gefangenschaft kaum einen Ausweg. Haupthindernis auf dem Genesungsweg ist das Mißtrauen der Kirchenchristen gegen jede Form von Glück und Glücklichsein, gegen Autonomie und Kreativität, d.h. gegen die zentralen Lebensthemen des Freizeitmenschen. Dem gegenüber zeigen die Rolle des biblischen Sabbat, von Urvertrauen, Körperkraft, Sprache, Sexualität und Solidarität als Urkräften des Glücks Wege, auf die der Freizeitmensch vertrauen und aufbauen sollte um glücklich zu sein.Die Angst vor der Autonomie läßt sich durch Solidarität überwinden, indem man sich gegenseitig die vorhandenen Zwänge aufzeigt und gemeinsam Wege zur Befreiung sucht und lebt.

---

210 E.Lange, das ökumenische Unbehagen. Notizen zur gegenwärtigen Situation der ökumenischen Bewegung. Festgabe für E. Breitsohl, Stuttgart, Berlin 1970,128f.
211 Ders. 21

Wer Kreativität als Geistesgabe und damit als Gnadengeschenk statt als elitäre Eigenschaft von Künstlern und Wissenschaftlern begreift, kann von Kind auf seine Gaben entfalten. Aus diesem Grund gehört für Lange zu den wichtigsten Aufgaben kirchlicher Erwachsenenbildung, die durch Diskriminierung aller Art Beschränkten zu entschränken, die Schwachen zu stützen und die Unversöhnten zu versöhnen. Das alles werde durch eine "Erziehung zur Freiheit" bzw. ein "Lernen der Freiheit" als Hilfe zur Selbsthilfe erreicht. Hierbei müssen die Teufelskreise von Abhängigkeiten und Zwängen, z.B. in Bezug auf Konsum, Ideologien und Modediktate transparent gemacht werden, um wie bei einem Exorzismus die Dämonen der Unfreiheit zu vertreiben und dem Menschen eine Selbst -Transzendierung zu ermöglichen, beweglich zu werden, Einfühlungsvermögen zu entfalten, das Leben – z.B. in der Liturgie - spielerisch zu feiern. Allerdings sieht Lange bei diesem von Paolo Freire in Brasilien umgesetzten Konzept vier Schwierigkeiten[212]: Zum einen ist Erziehung zumindest in den ersten Lebensjahren naturgemäß in erster Linie Domestikation bzw. Sozialisation. Außerdem müssten die Erzieher umerzogen, die "Schule der Emanzipation" bezahlt mit den Spezialisierungs- bzw. Qualifikationsbedürfnissen der modernen Industriegesellschaft in Einklang gebracht werden. Allerdings lassen sich auch in Europa Ansätze einer solchen Emanzipationsschule feststellen: Lange verweist auf den Schweizer Pfarrer T. Vogt und sein "Züricher Modell ", in dem die Korrelation von Lebenssituation und Glaubenstradition in Diskussionen eingeübt und so zu einem Glauben geführt wird, der sich in entscheidenden Lebenssituationen bewährt. Das Modell ist jedoch durch Intellektualisierungstendenzen gefährdet.

---

212 Vgl. Ders.109.

### 2.4.3. Befund

Auch im 20.Jh. hat der Erlösungsgedanke pädagogische Aspekte und Implikationen. Zu diesen gehört die Vorstellung, daß die Erlösung mitten im Alltag der Menschen sich ereignet. Auch der gegenüber der Tradition eindeutig demokratischere Hintergrund dieser Auffassung, der auch gesellschaftspolitische Aspekte umfaßt, ist von Bedeutung. Ähnlich wie bereits in der "Theologie der Befreiung" wird Erlösung nicht mehr nur individualistisch, sondern im sozialen Kontext verstanden.

### 2.4.4. Erzieherische Implikationen

Sowohl Dietrich Bonhoeffer als auch Ernst Lange geht es darum, die Menschen in ihrem Alltag religiös sprachfähig zu machen. Damit haben sie, wenn auch nicht explizit, pädagogische Absichten. Als Lehrer im Predigerseminar und in der Hochschule haben beide ihre Theorien auch umgesetzt und deutlich gemacht, welche Rolle Verbindlichkeit, Gemeinschaftssinn, Selbsterkenntnis und politisches Engagement für eine spirituelle Lebensgestaltung führen. Damit stellen sie sich, wenn auch in stark modifizierter Weise, in die Tradition christlicher Spiritualität und erweitern das "Leben als Erlöste" zugleich um die politische Komponente. Was das für den pädagogischen Alltag bedeutet, soll im folgenden erörtert werden.

### 2.4.5. Erzieherische Konsequenzen

Daß Spiritualität, d.h. die Auffassung, mitten im Alltag vom Göttlichen beeinflußt, umgeben und befreit zu sein, hat Rückwirkungen auf den persönlichen Alltag. Das gilt auch für den Erziehungsalltag: Für die Arbeit mit Kindern, in der Jugenderziehung in Schule und Kirche und in der Erwachsenenbildung bedeutet der politische Aspekt von spirituellem Lernen und Leben die Notwendigkeit, soziales Verhalten und Toleranz einzuüben, sich als Element in einem globalen Netzwerk zu verstehen und von dort aus Verantwortung auch im Kleinen zu übernehmen Feststellung und das Engagement für andere auch als Gewinn für die eigene Entwicklung zu erfahren. Wie sich dieses umsetzen läßt, soll im folgenden an Religionsbüchern exemplarisch analysiert werden

## Die Erlösungsvorstellung als spirituelles Motiv in Religionsbüchern

Im folgenden soll an einer repräsentativen Auswahl von Lehrbüchern für den ev. Religionsunterricht untersucht werden, welchen Stellenwert das Anliegen spiritueller Erziehung und das Motiv des symbolischen Aufstiegs aus einer Höhle (Platon) hat. Da gemäß Lehrplan vor allem die Behandlung wichtiger Themen aus Bibel, Kirchengeschichte, Weltreligionen und Alltagsleben im Mittelpunkt steht, unter denen naturgemäß das meist im Philosophieunterricht behandelte Höhlengleichnis fehlt, ist neben Reminiszenzen und Anspielungen auch auf Vergleichbares zu achten.

Hierzu gehören vor allem Erlösungs- und Weg-/Unterwegs-Geschichten, Konsumkritik und Erkenntnisförderung. Diese sollen im folgenden an einem Beispiel exemplarisch daraufhin befragt werden, inwieweit die geschilderten Anregungen aus der Tradition aufgegriffen bzw. modifiziert werden

a) Beispiel für die 5./6.Klasse[213]

Der Aufbau des Buches erinnert an die Situation desjenigen, der aus der Platonischen Höhle aufbricht: Es beginnt mit dem Vergleich der Bibel mit einem Haus voller Schätze und Geheimnisse. Die Schüler werden gewissermaßen eingeladen in die Höhle (z.B. in die Qumranhöhlen). Anhand eines synoptischen Vergleiches wird ermuntert, genau hinzuschauen, d.h. nicht nur die Schatten zu konsumieren. Dem dienen auch historischkritische Informationen und der Blick in die Hermeneutik südamerikanischer Basisgemeinden.

Als zusätzlicher Impuls im Sinne Platons können die folgenden Beispiele für die Gottsuche anhand von Psalmen und der Lutherbiographie dienen, bei denen es besonders auch auf Identifikationsmöglichkeiten ankommt.

Nachdem so der Aufbruchswunsch geweckt wurde, werden durch das Thema Schöpfung die "Fesseln gelöst ", indem anhand der Schöpfungserzählungen ein positiver und ganzheitlicher Zugang zur Natur ermöglichet wird. Dazu tragen auch zwei Lieder bei ("Gott gab uns Atem ", "Ich lobe meinen Gott, der aus der Tiefe mich holt ") sowie die zentralen Themen "Freude, Traum und Hoffnung".

---

213 I. Baldermann, F. Albrecht, A. Greve, A. Höer (Hg.), Hoffnung lernen, Hannover 1995

Der eigentliche Aufbruch trägt auch im Lehrbuch die Überschrift "Aufbruch in eine gefährliche Freiheit ". Anhand der Abraham- und Exodusgeschichten wird die Ambivalenz des Aufbrechens verdeutlicht. Zugleich wird so gezeigt, daß Thora, Halacha und Talud tatsächlich Erlösungs- und keine Zwangsbücher sind. Das wird anhand der Sehnsuchtsgeschichte Jerusalems und am jüdischen, durch Erinnerung geprägten Leben dargelegt. Die große Bedeutung des Hungers nach Gerechtigkeit als Motiv zum Aufbruch unterstreichen darüber hinaus die Geschichten von Jeremia, Jesaja und Jesus und ihr jeweiliger Gegenwartsbezug. So gipfelt die Aufzählung vieler kleiner Aufbrüche in der großen Auferstehung Jesu.

In den Erinnerungen an seine Worte und Taten bleibt seine Aufbruchskraft lebendig und schafft so unter den Menschen eine Aufbruchsgemeinschaft.

An dieser Skizzierung lassen sich nicht nur wichtige Anklänge an das Platonische Bild vom Aufbruch aus der Höhle erkennen. Vielmehr zeigen sich hier auch Reminiszenzen an die Interpretation die4ses Motivs in der Geschichte, wie z.B. die Verbindung von Heilsgeschichte und persönlicher Biographie, der christologische Bezug, die Verbindung von Individuation und Sozialisation, von Lebensführung und Glaube. Vor allem aber wird an diesem Beispiel noch einmal die wichtige erzieherische Bedeutung des Aufbruchmotivs für spirituelle Erziehung und spirituelles Wachstum am ganzheitlichen Ansatz und an der Verklammerung von Vergangenheit und Gegenwart (Erinnerung und Hoffnung) deutlich.

b) Beispiel zum 7./8. Schuljahr[214]

Unter dem Titel "Gerechtigkeit lernen" werden die verschiedenen Themen durch das Wegmotiv miteinander verknüpft. Der Anstoß, sich auf den Weg zu begeben, geschieht durch die Erinnerung an Gottes Nähe im Leid. Die alttestamentlichen Propheten, aber auch Jesus mit seiner Geschichte vom verlorenen Sohn treten so an die Stelle des Platonischen Rückkehrers. Die Menschen in ihrer Leidenshöhle (Frauen und Kinder in Südamerika, Polen und weltweit) werden durch die Erinnerung an Vorbilder wie Janus Korczak, Elisabeth von Thüringen, Paulus und Luther zum Aufbruch ermutigt. Dazu wird ihnen einerseits die Bedeutung kultischer Gebäude (Moschee) und Orte (Jerusalem) vor Augen geführt, andererseits aber auch die Fremdlingsschaft aller Menschen in der Welt in Erinnerung gebracht.

---

214 H.Ruppel/I. Schmidt (Hg.), Gerechtigkeit lernen (Religion 7/8), Stuttgart 1996

Das Nachdenken über Schawuot und Pfingsten führt dann zu einem wahren Aufbruch in Gestalt eines ökumenischen Jugendgottesdienstes.

c) Beispiel zum 9./0. Schuljahr[215]

Im dritten Band der Reihe geht es unter dem Titel "Versöhnung lernen" um das Stadium des Sehens . Ausgehend von moderner Wirklichkeitserfahrung und – beschreibung wird am Beispiel der Liebe eine vertiefte, spirituelle Form des Sehens dargestellt. Daß diese Erfahrungen, ähnlich wie bei Platon, zu einem Aufbruch aus aussichtslos scheinenden Situationen heraus führen, machen die Vorbilder Abraham, Hiob und Jesus (Kreuz, Bergpredigt) deutlich.

Das neue Leben, zu dem dieser Aufbruch verhilft, wird anhand der Themen "Staat und Kirche ", "Arbeiten und Feiern ", "Umgang mit Sterben und Tod" "wahre und falsche Propheten" und ökumenische Gemeinschaft" charakterisiert.

Das Stichwort "Befreiung" hat in der Ablösungsphase einen hohen Stellenwert. Es ist vorwiegend besetzt mit der Ausrichtung, sich selbst zu erproben und zu finden" (78)[216] So hat es wenig Sinn, "Befreiung für andere" zu thematisieren, wenn Konfirmanden im Unterrichtsvollzug Befreiung nicht selbst erleben können. Und dieses Erleben wird der Unterrichtende zunächst von sich aus ermöglichen müssen. Sein Verhalten kann grundsätzlich motivierend wirken, wenn es von den Konfirmanden als befreiend und weiterhelfend empfunden wird. (79). Nach diesem Modell könnten Konfirmandenfreizeiten folgendermaßen gestaltet werden (81-85): Durch eine Bildmeditation lassen sich Angst und Hoffnung, Bedrückung und Befreiung thematisieren und anschließend spielerisch umsetzen. Die so freiwerdenden Assoziationen werden in einem Lied ( "Ich möcht`, daß einer mit mir geht..." o.ä.) bzw. in einem Text aufgegriffen. Auf diese Weise werden die Jugendlichen motiviert, eigene Bilder zum Thema zu entwerfen und zu diskutieren. Auf diese Weise kann der KU und RU auf seine ihm eigene Weise mithelfen, daß für das Kind der Exodus in die Welt ein menschlicher Gewinn wird und zugleich über die vorfindliche Welt hinausweist.[217]

---

215 U. Beker, F. Büchner, B. Dressler, D. Jessen, U. Kämmerer (Hg.), Versöhnung lernen (9/0), Stuttgart 1997
216 P.Horst/I. Scholz, in: Beratungsstelle für Gestaltung, Frankfurt (Hg.), Mit Konfirmanden: Spuren Gottes Suchen (Heft 38), Befreier für andere, Frankfurt 1983,78-125
217 Vgl. entsprechende katholische Untersuchungen bei Bitter

## 3 Rückblick und Ausblick

Der Blick in die Geschichte der spirituell orientierten Religionspädagogik hat gezeigt, daß spirituelle Erziehung tatsächlich als Erlösungspädagogik gelten kann. Zugleich wurde deutlich, daß Spiritualität nicht nur eine liturgische Dimension oder Ausdruck privat -individueller Frömmigkeit ist, sondern eine wichtige, bislang zu wenig beachtete Komponente von Erziehung und Bildung darstellt. Auch wenn sie im Kontext moderner Pädagogik und Schulwirklichkeit ihre Grenzen hat, sind ihre Chancen nicht zu unterschätzen. Diese werden vor allem in ihrer Tradition deutlich: Pädagogik hat, nicht erst seit der Aufklärung, sondern von den antiken Anfängen an das paidagein als sprachliche Wurzel, das Führen des Jugendlichen zum Erziehungs- und Bildungsziel. Die erste für die abendländische Pädagogikgeschichte zentrale Beschreibung dieser Bewegung gibt Platon in seinem Höhlengleichnis. Hier werden Gehinderte durch einen erfahrenen Lehrer auf dem Weg eines Bildungsprogramms aus der Fixierung auf bloße Schattenbilder durch eine Umkehr zur Erkenntnis der heilsamen Wahrheit geführt und so in die Lage versetzt, ihrerseits erzieherische Verantwortung wahrzunehmen. Dieser Weg hat insofern spirituellen Charakter, als es um ein vertieftes Verstehen mit Hilfe einer transzendenten Orientierung geht. Im dialogischen Prozeß zwischen dem "Er- bzw. Anziehenden" und dem "Er- bzw. Angezogenem" kommt es aus christlicher Perspektive, aber auch im Sinne Platons auf die Öffnung der Beteiligten auf den eigentlich Agierenden (Gott, Geist, Evangelium) an. In einem ersten Schritt wurde daher das Höhlenbild als Modell bzw. Konzept spiritueller Erziehung in der Antike untersucht und auf ihre aktuelle Bedeutung hin befragt. Dabei ergab sich die Notwendigkeit, auch im modernen Unterricht ein Problembewußtsein für den Höhlen- bzw. Schattenspielcharakter der neuzeitlichen Mediengesellschaft zu wecken und so für ein vertieftes und vertiefendes Nachdenken über die Wirklichkeit zu sensibilisieren. Außerdem verdeutlicht die Beschäftigung mit diesem antiken Konzept den sozialen, außerindividuellen Charakter von Bildung und Erziehung, und relativiert zugleich den vorherrschenden Wissenspositivismus.

Ähnliches läßt sich, wie anhand der Textanalysen aufgezeigt, auch für die Bedeutung der Exoduserzählung als Modell spiritueller Erziehung im frühen Christentum, besonders im 4.Jh., sagen. Auch hier wurde deutlich, daß spirituelle Erziehung einen Erlösungsprozeß aus dem Sklavendienst, vor allem am äußerlichen Luxus und an den eigenen Leidenschaften meint. Für die moderne Religionspädagogik läßt diese Feststellung eine Anleitung zu einem verantwortungsvollen Umgang mit Konsum als sinnvoll erscheinen. Die Wüstenwanderung des Mose und seines Volkes zeigt darüber hinaus, wie anstrengend, aber auch lohnend der Ausweg aus dem "Konsumterror" durch bewußte "Wüstentage" ist. An Mose läßt sich zudem lernen, wie man dabei mit Anfechtungen umgeht. Außerdem wird die Notwendigkeit der Geduld und von Regeln vermittelt, die in den Glauben eingebunden sein müssen.

Auch das für die Reformationszeit und den Pietismus zentrale Bild der Erlösung von der Sündenlast, von der nur die glaubend empfangene Gnade Gottes befreien kann, steht als Modell bzw. Konzept spiritueller Erziehung. Auch hier geht es um Gefangenschaft, um einen Leiter zum Heil, um Umkehr, Erkenntnis und Verantwortung. Der Mensch wird auch hier als erlösungs- und erziehungsbedürftig und -fähig angesehen. Seine Disposition und seine äußeren Umstände hindern ihn jedoch daran, den Weg zu Gott, d.h. zu seiner Rettung zu finden und zu gehen. Hierzu gehören nicht nur die Verblendung durch Leidenschaften und Luxus, die vor allem in der Frühzeit und im Mittelalter betont wurden, sondern auch seine in der Reformationszeit hervorgehobene Mängelhaftigkeit und Einbindung in Strukturen sowie sein Ehrgeiz und der Konkurrenzkampf, worauf in der Neuzeit besonders verwiesen wurde. Aus diesen Gründen braucht er Förderung und Anleitung, um aus dieser "Gefangenschaft" befreit zu werden, d.h. zur wahren Erkenntnis zu gelangen, seinen wahren Wert zu erfahren und diesen auch anderen zuzugestehen.

Die behandelten Autoren stimmen jedoch nicht nur in dieser Diagnose überein, sondern sie gestehen dem Menschen neben der spirituellen Erziehungsbedürftigkeit auch die entsprechende Erziehungsfähigkeit zu, da er als ursprüngliche imago dei immer noch von Gott ansprechbar ist und seinen Platz in der göttlichen Heilsgeschichte besitzt. Allerdings ist für eine solche Umkehr eine entsprechende Bereitschaft Voraussetzung. Wer sich von Gott (durch Mittler) berühren und in Bewegung bringen läßt, kann aus seiner individuellen Höhle, die er dennoch mutatis mutandis mit vielen "Leidensgenossen" teilt, befreit werden. Dazu aber bedarf es der Umkehr.

Auch wenn die behandelten Autoren hinsichtlich des Stellenwertes einer solchen Buße differieren, stimmen sie doch darin überein, daß der Mensch nicht völlig selbständig sich befreien kann. Die Anstöße zu einer Umkehr können unterschiedlich aussehen, sowohl durch lebende als auch durch literarische Vorbilder, durch Lehren oder Erlebnisse. Dabei zeigen alle Autoren eine gewisse, wenn auch unterschiedlich stark ausgeprägte Toleranz gegenüber außerchristlichen Quellen. Sowohl die Kirchenväter als auch die Mystiker, Humanisten, Reformatoren und Pietisten waren bestrebt, extreme Forderungen zu vermeiden und vielmehr auf ihre Adressaten und deren Bedürfnisse und Vorstellungen einzugehen. Sie waren sich bewußt, daß angesichts einer überwiegend "heidnischen ", d.h. an christlichen Inhalten und Lehren nicht oder kaum interessierten Umgebung ein pragmatisches Vorgehen am ehesten zum Erfolg führen würde. Auch die Kinder christlicher Eltern sollten nicht von vornherein vom traditionellen Bildungsgut ausgeschlossen werden; vielmehr galt es, die außerchristlichen Ideen einer Transzendenz- und Tugendorientierung zu adaptieren.

Andererseits sollten die Schüler jedoch auch vor den Gefahren bewahrt werden, die mit dem traditionellen Ausbildungssystem verbunden waren. Hierzu gehörte ein ausschweifendes Schüler- und Studentenleben ebenso wie materialistische oder gotteslästerliche Lerninhalte oder entsprechend geprägte Lehrer. Durch eine frühzeitige, an christlichen Werten orientierte und spirituell geprägte Erziehung sollen die Wurzeln für ein entsprechendes Verhalten in Familien, Gemeinden und Kirche gelegt werden[218]. Trotz dieser gleichen Zielrichtung unterscheiden sich die Kirchenväter, Mystiker, Humanisten, Reformatoren und Pietisten in inhaltlicher und formaler Hinsicht entsprechend ihrer unterschiedlichen historischen Herkunft: Während es im vierten Jahrhundert während der Konsolidierung einer Weltkirche um die Auseinandersetzung mit heidnischen Kulten und konkurrierenden philosophischen Ideen ging, suchten die Humanisten die klassisch -antike Kultur wiederzubeleben und sie christlichem Gedankengut anzupassen. Ihrem Kulturoptimismus entspricht die bei den Kirchenvätern, vor allem bei Basilius zu beobachtende Instrumentalisierung der klassischen Studien. Luther schließt in seiner Orientierung an das genuin Christliche mit den Mitteln der traditionellen Erziehungs- und Bildungsmodelle an diese Haltung an.

---

218 Auch wenn diese Auffassungen am klarsten von Basilius formuliert wurden, finden sie sich, wie die entsprechenden Vergleiche zeigen, auch z.B. bei Eckart, Erasmus, Melanchthon, Luther und Abresch.

Gerade für das Anliegen spiritueller Erziehung ist die Beschäftigung mit Orientierungshilfen von Bedeutung. Hierzu gehören nicht nur die Erfahrungen und biographischen Anregungen anderer, sondern auch die Vermittlung bestimmter Verhaltensmaßstäbe durch Kontrastierung (Verantwortung oder Hedonismus, Egoismus oder Altruismus, Wahrheit oder Kompromiß), Differenzierung (alles zur rechten Zeit und am rechten Ort) oder narrative Elemente (exemplarisches Verhalten und seine Folgen). Außerdem ist, in altersgemäßer Form, neben der Beschäftigung mit den zentralen Sinnfragen (Leben vor Geburt und nach Tod, Umgang mit Leid und Schuld) auch die Auseinandersetzung mit ethischen Modellen unterschiedlicher Kulturen, Religionen und Zeiten von Bedeutung. Wichtig ist in jedem Fall der existentielle Bezug solcher Vermittlung, der das Vermittelte nachvollziehbar macht. Vor diesem ethischen Hintergrund werden inhaltliche oder methodische Detailfragen sekundär.

Die Kirchenväter, Mystiker, Humanisten, Reformatoren und Pietisten sind sich außerdem darin einig, daß auch nicht explizit christliche Literatur für eine christliche Lebensführung sinnvoll ist, sofern sie entsprechende ethische Implikationen aufweist und zu einer religiös orientierten Haltung auch beiträgt, z.B. aus der Schule ein "Haus des Lernens" macht, das Alternativmodelle zur Qualifikationsinstitution bietet. Außerdem sollte es als Lern- und Lebensort nicht nur Wissen, sondern auch ethisch-religiöse Haltung vermitteln[219]. Aus diesen zuzustimmenden Beobachtungen ergeben sich auch Folgerungen für den Religionsunterricht an den verschiedenen Schulformen und in den verschiedenen Altersstufen. Diese lassen sich ansatzweise bereits den entsprechenden Lehrplänen entnehmen: Der christliche Glaube und die Lebenswirklichkeit der Schülerinnen und Schüler stehen in einem reziproken Verhältnis zueienander. Der Religionslehrer sollte sowohl Lehrer der Spiritualität, d.h. Vermittler entsprechender Kenntnisse und Fähigkeiten als auch spiritueller Lehrer sein, d.h. selbst spirituell leben. Auf diese Weise kann er deutlich machen, daß es letztlich um eine bestimmte Lebenshaltung und -führung geht[220].

---

219 Vgl. die Denkschrift "Zukunft der Bildung, Schule der Zukunft" der Bildungskommission NRW, Neuwied, Kriftel, Berlin 1995, bes. 86-150.
220 Die Richtlinien für die gymnasiale Oberstufe, für die Real-, Haupt- und Grundschule, stimmen mit diesen grundsätzlichen Auffassungen überein und versuchen, sie auf die spezifische Situation anzuwenden.

Religionsunterricht läßt sich als "Lebensbegleitung" charakterisieren. Das bedeutet, daß zum einen der autobiographische Aspekt weiterhin bestimmend wird, andererseits aber damit ein äußerer Impuls verbunden sein muß, um wirkliche Veränderung zu erreichen. Auch wenn Platon zu Recht an seinem Lehrer Sokrates erkannt und in seinem Höhlengleichnis vermittelt hat, welches Risiko eine solche Infragestellung bestehender Verhältnisse bedeuten kann, stellt auch er sie als notwendig hin. Ein solcher Impuls kann z.b. darin bestehen, zu genauer Beobachtung und Reflexion der "Schattenspiele" anzuleiten.

Hierzu raten nicht nur die Kirchenväter, Mystiker und Pietisten, sondern bereits die "Sokratische Methode" fußt auf der Selbstreflexion. Das bedeutet zugleich, unter modernen Bedingungen z.b. ein entsprechendes Umfeld zu schaffen.der erste Schritt aus der "Schattenwelt" besteht somit darin, sich und seine Wünsche nicht mehr (nur) über fremde Erwartungen und Urteile zu definieren, sondern eigene Wünsche, Hoffnungen und Ängste wahrzunehmen und zu artikulieren. Daß es hierbei fast zwangsläufig auch zu Defiziterkenntnissen kommt, erklärt Platons Hinweis auf die Abwehr- bzw. Verdrängungsreaktionen, die sich auch heutzutage beobachten lassen.

In der Gegenwart spielt hier die Motivationsthematik eine wichtige Rolle: Spirituelle Erziehung ist nicht nur Sache der ratio, sondern umfaßt alle menschlichen Anteile, die Platon als die Seelenteile: Denken, Wille und Gefühl beschreibt. Nur wer sich für eine Sache begeistern läßt, wird auch Erfolg haben und die nötige Beharrlichkeit im Umgang mit Enttäuschungen aufbringen. Auch in moderner Sprache wird man sprichwörtlich "aus Schaden klug ", muß "seine Erfahrungen machen ", um "im Lebenskampf bestehen" zu können. Diese Regeln sollten auch für die Schule als "Spielraum" und "Modell des Lebens" gelten.

Auch wenn sie angesichts der Diskussionen der "68er- Generation" um eine "Zeigefinger -Pädagogik" manchem fragwürdig erscheinen mag, gehört auch die Frage von Vorbildern und Werten in diesen Zusammenhang. Der oft unreflektierte "Starkult unter Jugendlichen sollte ebenso kritisch behandelt werden wie der verbreitete "Ego -Kult ". Darüber hinaus sind sind die natürlichen Vorbehalte junger Menschen gegenüber Eltern, Lehrern, Politikern und anderen Autoritäten zu berücksichtigen. Daher bieten sich literarische Vorbilder als Ersatz an.

Das müssen nicht unbedingt die "Klassiker" Franziskus, Dietrich Bonhoeffer, Albert Schweitzer, Gandhi oder Martin Luther King sein, sondern können auch "der Mann bzw. die Frau oder der Jugendliche von der Straße" sein. Die Kirchenväter, Mystiker, Humanisten, Reformatoren und Pietisten teilen darüber hinaus eine dualistische Sichtweise, die heute eher kritisch gesehen wird. Dennoch regt sie zum Nachdenken darüber an, woran Menschen ihr Verhalten ausrichten. Eine solche Reflexion erscheint gerade angesichts der modernen Vieldimensionalität zahlloser Jugendkulturen und der damit verbundenen Orientierungslosigkeit besonders wichtig. Dabei ist die jeweilige Entwicklungsstufe ausschlaggebend:

Wie Piaget für die kognitive und Kohlberg für die moralische Entwicklung, so nehmen Fowler und Oser für die religiöse Entwicklung an, daß sie in Stufen verläuft, die für alle Menschen, unabhängig vom kulturellen Kontext, dieselben sind. Dabei wird zwischen weichen (Kohlberg) und harten Stufen (Fowler/Oser) unterschieden. Jede Stufe ist eine strukturierte Ganzheit, wobei die oberen Stufen integrieren, was die unteren Stufen geleistet haben. Auch die Definition von Glaube spielt eine wichtige Rolle:

Während Oser/Gmünder unter Religion die Auseinandersetzung des Menschen mit der Wirklichkeit angesichts eines transzendenten und transzendierenden Letztgültigen verstehen, ist Glaube für Fowler eine universale anthropologische Kategorie[221]. Diese Orientierung ist nicht einfach vorhanden, sondern muß konstruiert werden. Das geschieht, indem der Glaube eine bestimmte Auffassung vom letzten Daseinsgrund entwirft und die Alltagserfahrungen in ihrem Lichte deutet.

Der Glaube entwickelt sich (bei Fowler) in folgenden Stufen, welche zugleich den Weg aus der Platonischen Höhle widerspiegeln: Das kleine Kind hat einen undifferenzierten Glauben: Das Weltvertrauen äußert sich noch vorsprachlich. Wenn das Erlebte emotional und wahrnehmungsmäß durch Bilder geordnet werden kann, kommt es zum intuitiv -projektiven Glauben. Dabei wird allerdings noch nicht zwischen Phantasie und Realität unterschieden. Symbole (besonders Mutter, Paradies) werden magisch - numinos gedeutet. Das Kind muß zwischen Grundvertrauen und Grundmißtrauen bzw. zwischen Autonomie und Zweifel eine Entscheidung treffen.

---

221 Vgl. zum Entwicklungsschema Oser/Gmünder, Mensch 9; Fowler stages 14.

Im Stadium des mythisch -wörtlichen Glaubens werden Zusammenhänge erfaßt und die Erfahrungswelt konkret und eindimensional -wörtlich mit Hilfe von Symbolgeschichten (Vater, Umkehr, Berufung) interpretiert. Das führt oft dazu, daß Handlungen mit Schuldgefühlen verbunden sein können und daher oft von vornherein vermieden werden. Kann schließlich aus Werten, Glaubensinhalten und Verpflichtungen ein einheitlich funktionierendes Identitätsgefühl aufgebaut werden, entsteht der synthetisch-konventionelle Glaube. Der Jugendliche muß sich mit seiner Umwelt auseinandersetzen und gerät dabei oftmals, da er sich nur an den Erwartungen anderer orientiert, in einen Identitätskonflikt. Symbole (Schöpfung, Werke, Glaube, der solidarische Gott) werden traditionell interpretiert.

Das Stadium eines individuell reflektierten Glaubens wird dadurch erreicht, daß Werte, Glaubensinhalte und Verpflichtungen kritisch hinterfragt werden. Um eine Identität zu finden, die nicht durch andere definiert wird, muß der Jugendliche lernen, mit dem Wechselspiel von Abgrenzung und Nähe umzugehen. Daher spielt vor allem das Thema Gemeinschaft eine wichtige Rolle. Die Einsicht, daß man an die Wahrheit aus verschiedenen Richtungen herantreten muß, führt schließlich zum verbindenden Glauben in Form intellektueller Bescheidenheit. Symbol und Mythos gewinnen neue Bedeutung (zweite Naivität), ebenso auch das Fremde, andere Traditionen und der Kampf gegen Stagnation. Auf dem Weg über Symbol und Mythos kommt es zu einer neuen Begegnung mit dem Göttlichen, die bis zu einer Identifikation führen kann (universalisierender Glaube). Das Irreale und Transzendente in Religion und eigenem Erleben gewinnt dadurch für den Menschen neue Bedeutung.

Diese entwicklungspsychologische Skizze verdeutlicht auf ihre Weise, daß die spirituellen Bedürfnisse Jugendlicher nicht absolut zu setzen sind, sondern einer natürlichen Entwicklung folgen, die es methodisch zu fördern gilt. Daran können die aufgezeigten Methoden einer nach Alter abgestuften ganzheitlichen Pädagogik auf spielerische bzw. erfahrungsorientierte und meditative Weise ansetzen und so ansatzweise "Erlösungserfahrungen" vorbereiten und begleiten.

# 4 Literatur

P. Allard, Saint Basile (329-379), Paris 1929

C. Apostopoulos, Phaedo Christianus. Studien zur Verbindung und Abwägung des Verhältnisses zwischen dem platonischen "Phaidon" und dem Dialog Gregors von Nyssa "Über die Seele und die Auferstehung ", Frankfurt/M.1986

P. Aries, Geschichte der Kindheit, München 12,1996

P.R. Asmus, Gregor von Nazianz und sein Verhältnis zum Kynismus. Eine patristisch-philosophische Studie,Gotha 1899

I. Baldermann, Einführung in die Biblische Didaktik, Darmstadt 1996

Th. Ballauff/K. Schaller, Pädagogik. Eine Geschichte der Bildung und Erziehung, Freiburg/München 1970

Th. Ballauff, die Idee der Paideia. Eine Studie zu Platons "Höhlengleichnis" und Parmenides' "Lehrgedicht ", Meisenheim 2,1963

C. Bamberg, Geistliche Führung im frühen Mönchtum, in: Geist und Leben 54 (198),

F. Banki, der Weg ins Denken, Platon -Martin Heidegger -Theodor Ballauff, Bern 1986

L. Beinaert, le symbolisme ascensionel dans la liturgie et la mystique chretiennes, Eranosjahrbuch 19(1950), 41-63

K. Benesch, Pilgerwege, Santiago de Compostela, Freiburg 1991

K. Berther, der Mensch und seine Verwirklichung in den Homilien des Basilius von Cäsarea. Ein anthropologisch -ethischer Versuch, Freiburg/Schweiz 1974

J. Bidez, Kaiser Julian. Der Untergang der heidnischen Welt, Hamburg 1956

P. Biehl, Symbole geben zu lernen, Neukirchen-Vluyn 19

H. Bietenhard, Cäsarea, Origenes und die Juden (Franz Delitzsch-Vorlesungen 1972), Stuttgart 1972

G. Bitter, Erlösung. Die erzieherische Realisierung eines zentralen theologischen Themas, München 1976

H. Blankerz, Geschichte der Pädagogik von der Aufklärung bis zur Gegenwart, Wetzlar 1982

M. Blum, Gregor von Nyssa, Über das Wesen des christlichen Bekenntnisses, Über die Vollkommenheit, Über die Jungfräulichkeit, Stuttgart 1977

P.R. Blum (Hg.), Giordano Bruno, von der Ursache , dem Prinzip und dem Einen, Hamburg 5,1977

H. Blumenberg, das dritte Höhlengleichnis, Turin 1961

G. Böhm, Spiritualität und Schule, Referat, gehalten am 5.9.90 vor der Arbeitsgemeinschaft der freien katholischen Gymnasien, Münster o.J.

L. Boff, Vater unser: das Gebet umfassender Befreiung (aus dem Portugies. Übers. von H. Goldstein), Düsseldorf 1981

G. Boissier, Fin du Paganisme, tome I, Paris 1909

R. D. Boisvert, Philosophical themes in Bertolucci's "The Conformist ", Teach Phil 7 (1) 1984,49-52

D. Bonhoeffer, Nachfolge, München 1981 (12.Aufl.)

Ders., Widerstand und Ergebung, Gütersloh 1980

Ders., Ethik (zusammengestellt und geordnet von E. Bethge), München 1984 (10. Aufl.)

A.D. Booth, the appearance of the schola grammatici, Hermes 106/1978, 117-25

L. Boros (Hg.), Aurelius Augustinus, Aufstieg zu Gott, München/Zürich 1976

Ders., Befreiung zum Leben. Die Exerzitien des Ignatius von Loyola als Wegweisung für heute, Freiburg 1977

G.W. Bowersock, Greek sophists in the Roman Empire, Oxford 1909

M. Buber, Die Geschichten des Rabbi Nachman, Freiburg 1992

G. Büttner, Basileios des Großen Mahnworte an die Jugend über den nützlichen Gebrauch der heidnischen Literatur, München 1908

E. Burkert-Wepfer, Die Sehnsucht nach dem Schönen, Guten und Wahren oder Platonische Reminiszenzen in Rousseaus Menschenbild und Erziehungslehre, Bern 1995

P. Calasanctius, de beeldspraak bij den heiligen Basilius den Grote, Utrecht 1941

Cameron, Wandering Poets: A Literary Movement in Byzantine Egypt, in: Historia XIV/1965, 470-509

G. Chantraine, Erasme et Saint Basile, Irenikon 52/1979

C.lo Cicero, La struttura delle omelie sulla ricchezza di Basilio, in: Basilio di Cesarea la sua eta, la sua opera e il Basilianesimo in Sicilia (Atti del congresso internazionale Messina 1979, vol.D, Messina 1983, 425-88

L. Clark, Rhetoric in Greco-Roman Education, New York 1957

M.L. Clarke, Higher education in the ancient world, London 1976

C.N. Cochrane, Christianity and Classical Culture. A Study of Thought and Action from Augustus to Augustine, New York 1961

J.M. Crombie, A dream of Socrates, Philosophy 64/1989,29-38

R.P. Danielou, le IVeme siecle. Gregoire de Nysse et son milieu, Paris 1951

J. Danielou,la symbole de la caverne chez Gregoire de Nysse, Mullus (FS Th. Klauser) 1964, 43-51

Ders., Moses bei Gregor von Nyssa Vorbild und Gestalt, in: Ders., Moses in Schrift und Überlieferung, Düsseldorf 1963,289-306

R.J. Deferrari, The Classics and the Greek Writers of the Early Church: Saint Basil, CCJ 13/1917,1918, 579-91

H. Dehnhard, Das Problem der Abhängigkeit des Basilius von Plotin. Quellenuntersuchungen zu seinen Schriften de spiritu sancto, Berlin 1964

V.J. Dietrich, Johann Amos Comenius, Hamburg 1991

H.Dörrie/M. Baltes (Hg.), Plato im 2. Jh. n.Chr., Bd.3 Stuttgart 1993

K. Dorter, Three disappearing ladders in Platon , in: Phil. and Rhetoric, Vol29,3/19996, 279-99

P. Drewek u.a. (Hg.), B. Schwenk, Geschichte der Bildung und Erziehung von der Antike bis zum Mittelalter, Weinheim 1996

R. Driesch, Platons Wegbilder, Diss. Köln 1967

R. van Dülmen (Hg.), Johann Valentin Andreae, Theophilus, Stuttgart 1973

E. Dussel, Philosophie der Befreiung, Hamburg 1989

C. Eckle, der platonische Bildungsgedanke im 19.Jh. ein Beitrag zur Geschichte und Theorie seiner Interpretation, Leipzig 1935

F.X. Eggersdörfer, Der heilige Augustinus als Pädagoge und seine Bedeutung für die Geschichte der Bildung, Freiburg 1907

P.J. Fedwick, A Chronology of Basil, in: Ders., Basil of Caesarea: Christian, Humanist, Ascetic. Sixteen-Hundredth Anniversaary Symposium, Part one, Toronto 1981, 3-19

Ders., The Church and the Charisma of Leadership in Basil of Caesarea, Toronto 1979

J.N. Findlay, the discipline of the cave, London 1965

Ders., the transcendence of the cave, London 1967

W. Fischer/D.-J. Löwisch (Hg.), Pädagogisches Denken von den anfängen bis zur Gegenwart, Darmstadt, 1989

H. Fischedick, Freiheit und Fülle als Lebnesauftrag. Eine tiefenpsychologische Deutung der Geschichte von der Berufung des Mose (Exodus 3,1-12), in: ru 1/1993,18-26

W. Flitner, die Erziehung. Pädagogen und Philosophen über die Erziehung und ihre Probleme, Wiesbaden 1953

J. Fowler, Stufen des Glaubens, die Psychologie der menschlichen Entwicklung und die Suche nach Sinn, gütersloh 1991

M. Fox, Schöpfungsspiritualität: Heilung und Befreiung für die Erste Welt, Stuttgart 1993

M.M. Fox, The Life and Times of St. Basil the Great as Revealed in his Works, Washington 1939

K. Suso Frank, Augustus, incidi in libros, in: H.W. Schmidt/P. Wülfing (Hg.), Antikes Denken -moderne Schule, Heidelberg 1988

G. Franzenburg, Basil of Caesarea as a spirital teacher, in: Studies in Spirituality 7/1997, 55-66

Ders., Die "männliche Mystik" desGregor von Nyssa, in: Studies in Spirituality 6/1996, 20-35

Ders., Das Leben beginnt mit der Wiedergeburt, in: Wittgenstein, Bd. 61, H.4 (1997), 158-64

Ders., Durch Unterricht aus der Höhle aufsteigen? Ein philosophisches Kernmotiv und seine didaktische Bedeutung, in: Europa Forum Philosophie 41/1999, 26-30

P. Freire, Erziehung als Praxis der Freiheit, Stuttgart/Berlin 1974

H. Fuchs, Die frühe christliche Kirche und die antike Bildung, in: R. Klein (Hg.), Das frühe Christentum im römischen Staat, WdF 267, Darmstadt 1971, 33-8

M. Gärtner, Geschichte der Familienerziehung, Köln 1985

K. Gaik, Die christliche Pädagogik der Kirchenväter und ihre erziehungsphilosophischen Grundlagen. Versuch eines geschichtlichen Überblicks, Diss. Wuppertal 1978

K. Gaiser, Il paragone della caverna. Variazioni da Platone a oggi, Napoli 1985

S. Galilea, die Theologie der Befreiung nach Puebla, in: M. Sievernich (Hg.),Impulse der Befreiunstheologie für Europa,Ein lesebuch, München/Mainz 1988

J. Geffcken, Kaiser Julianus, Leipzig 1914

Ders., Der Ausgang des Griechisch-Römischen Heidentums, Darm stadt 1972 (Nachdr. der Ausg.von 1929)

Gierow, Augustini betydelse i pedagogikons historia, Lund 1901

S. Giet, Les Idees et l'action sociales de Saint Basile, Paris

O. Gigon/R. Rufener, Platon, Sämtliche Werke, Zürich/München 1974

A.Gobar, the significance of the mountain image for the philosophy of life, Phil today 1981,148-56

T.A. Goggin, The Times of Saint Gregory of Nyssa as Reflected in the Letters and the Contra Eunomium, Washington 1947

J. Gold, bringing students out of the cave: the first day, Teach Phil 11 (1), 1988,25-31

H. Gomperz, Sophistik und Rhetorik. Das Bildungsideal des eu legein in seinem Verhältnis zur Philosophie des 5. Jh., Leipzig/Berlin 1912

L. Grasberger, Erziehung und Unterricht im klassischen Altertum, Würzburg 1881

W. Greshake, Wandel der Erlösungsvorstellungen, in: L. Scheffczyk (Hg.), Erlösung und Emanzipation, Freiburg 1973

J. Gribomont, Eustathe le Philosophe et les voyages de jeune Basile de Cesarée, RHE 54/1959, 115-24

Ders., Le Renoncement au monde, Irenikon 31/1958, 282-307/460- 75

G. Grosch, Die Sittenlehre des Epiktet, Jahresbericht des Gymnasiums zu Wernigerode 1867, 3-33

G.M.A. Grube, A Greek Critic: Demetrius on Style, Toronto 1961

A. Grün, Geistliche Begleitung bei den Wüstenvätern, Münsterschwarzach 1991

Ders., Der Himmel beginnt in dir. Das Wissen der Wüstenväter für heute, Freiburg 4,1996

J.Hadot, Arts liberaux et Philosophie dans la Pensee antique, Paris 1984

H. Halbfas, das dritte Auge. Religionsdidaktische Anstöße, Düsseldorf 4,1987

A. Halder (Hg.), "Spuren der Erlösung". "Religiöse Tiefendimensionen neuzeitlichen Denkens, Düsseldorf 1986.

B. C. Hardy, Kaiser Julian und sein Schulgesetz, in: R. Klein (Hg.), Das frühe Christentum im römischen Staat, WdF 267, Darmstadt 1971, 387-408

W.-D. Hauschild, Basilius von Cäsarea, in: M. Greschat (Hg.), Gestalten der Kirchengeschichte, Stuttgart 1984,

Ders., Basilius von Cäsarea, Briefe I und II, Stuttgart 1990

W. Hengsberg, De ornatu rhetorico, quem Basilius Magnus in diversis homiliarum generibus adhibuit. Bonn 1957

H.v. Hentig, die Schule neu denken, München 1993

B.Höfer, Was heisst "Erlösung"?, Theorie und 15 Katechesen Salzburg 1970

W. Hörmann, Gnosis, das Buch der verborgenen Evangelien, Augsburg 1990

D.Hörnemann, die Figur des Mose als Typus eines Helfers und Begleiters, Diss. Würzburg 1995

F. Hoffmann (Hg.), Pädagogik und Reformation von Luther bis Paracelsus, Berlin 1983

Hoffmann, Platonismus und christliche Philosophie, Zürich 1960

M. Hofmann, Theologie und Exegese der Berleburger Bibel (1726-42), Gü tersloh 1937

J. Howland, the cave image and the problem of the place: the sophist, the poet and the philosopher, Dionysius 10 (1986), 21-55

G. D`Ippolito, Basilio di Cesarea e la poesia greca, in: Basilio di Cesarea, la sua eta, la sua opera e il Basilianismo in Sicilia (Atti del congresso internazionale Messina 1979, vol.D, Messina 1983, 309-80

L.V. Jacks, St. Basil and Greek Literature, Washington 1922

J. Jacobi, Geschichte der Pädagogik, Berlin 1992

W. Jäger, Das frühe Christentum und die griechische Bildung, Berlin 1963

W. Janzen, Spiritualität mit Kindern und Jugendlichen suchen und leben, Religion heute (März 1997), 12-19

M. Josuttis, die Einführung in das Leben, Patoraltheologie zwischen Phänomenologie und Spiritualität, Gütersloh 1996

M. Kertsch, Bildersprache bei Gregor von Nazianz. Ein Beitrag zur spätantiken Rhetorik und Popularphilosophie, Graz 1978

H. Kessler, "Erlösung als Befreiung",Düsseldorf 1972

Kirchhoff, Urbilder des Glaubens, Labyrinth -Höhle -Haus -Garten, München 1988

C. Klock, Untersuchungen zu Stil und Rhythmus bei Gregor von Nyssa. Ein Beitrag zum Rhetorikverständnis der griechischen Väter, Frankfurt 1987

H.Koch, Gregos Mystik, ThQ 80/1898, 399-420

T.A. Kopecek, Social/historical Studies in the Cappadocian Fathers, Hamilton 1972

F. Kühnert, Allgemeinbildung und Fachbildung in der Antike, Berlin 1961

G.L. Kustas, Basil and the Rhetorical Tradition, in: P.J. Fedwick, Basil of Caesarea: Christian, Humanist, Ascetic. Sixteen-Hundredth Anniversaary Symposium, Part one, Toronto 1981, 221-80

A. Läpple, Geschichte der Katechese, München 1981

E. Lamberz, Zum Verständnis von Basileios' Schrift 'ad adoulescentes', ZKG 90/1979, 75-95

E. Lange, das ökumenische Unbehagen. Notizen zur gegenwärtigen Situation der ökumenischen Bewegung. Festgabe für E. Breitsohl, Stuttgart, Berlin 1970,128f.

Ders., Sprachschule für die Freiheit, Bildung als Problem und Funktion der Kirche (hg. von R. Schloz), München 1980

L. Lebe, Saint Baisile, les regles morales et portrait du chretien, Namur 1969

M. Lechner, Erziehung und Bildung in der griechisch-römischen Antike, München 1933

E. Lichtenstein, Der Ursprung der Pädagogik im griechischen Denken, Hannover 1970

S.N.C. Lieu (Hg.), The Emperor Julian, Panegyric and Polemic. Claudius Mamertinus, John Chrysostom, Ephrem the Syrian, Liverpool 1986

M. Lochman, Comenius, Freiburg/Schweiz 1982

F. März, Problemgeschichte der Pädagogik, Bd.I die Lern- und Erziehungsbedürftigkeit des Menschen, Bad Heilbronn 1978

J. Marrou, Geschichte der Erziehung im klassischen Altertum, München 1957/1977 (dtv)

N. Martin-Deslias, le mythe de la caverne, Paris 1959

G. May, Epektasis (FS G. Danielou), Desmachesne 1972

R. Mayer/P. Zimmerling (Hg.), Dietrich Bonhoeffer -Mensch hinter Mauern: Theologie und Spiritualität in den Gefängnisjahren, Giessen, Basel 1993

M. Mazza, Monachesuimo basiliano: modelli spirituali e tendenze economico-sociali nell impero del IV secolo, in: Basilio di Cesarea la sua eta, la sua opera e il Basilianesimo in Sicilia (Atti del congresso internazionale Messina 1979, vol.D, Messina 1983

J. Moltmann, Theologie der Hoffnung, München 1964 (9.Aufl.)

M. Morganreidge, teaching Marx with Plato's cave, Teach Phil 11 (3), 1988,209-16

H. Müller,Studentenleben im 4. Jahrhundert n.chr., Philologus 69/1910, 292-317

W. Muschg (Hg.), Mystische Texte des Mittelalters, Basel 1943

M. Naldini, La posizione culturale di Basilio Magno, in: Basilio di Cesarea la sua eta, la sua opera e il Basilianesimo in Sicilia (Atti del congresso internazionale Messina 1979, vol.D, Messina 1983, 199-216

M. Neuschäfer, Origenes als Philologe, Basel 1987 (Schweizerische Beiträge zur Altertumswissenschaft 18/1)

U. Neymeyr, die christlichen Lehrer des 2.Jh., Leiden 1989

H. Niederstrasser, Kerygma und Paideia. Zum Problem der erziehenden Gnade, Stuttgart 1967

K.E. Nipkow/F. Schweizer, Religionspädagogik Bd. 1, Stuttgart 1986

K.E. Nipkow, Erwachsenwerden ohne Gott. Gotteserfahrung im Lebenslauf, Gütersloh 1997 (5.Aufl.)

Ders., Bildung, Gütersloh 1990

F. Oser/P.Gmünder, Der Mensch. Stufen seiner religiösen Entwicklung, Gütersloh 4,1996

R. Palla (Hg.), Gregor von Nazianz, carmina de virtute Ia/Ib, (übers. und komm. vonM.Kertsch), Graz 1985

A. Pastorino, Il discorso ai giovani di Basilio e il De audiendis Poetis di Plutarco, in: Basilio di Cesarea la sua eta, la sua opera e il Basilianesimo in Sicilia (Atti del congresso internazionale Messina 1979, vol.D, Messina 1983, 217-58

E. Paul, Geschichte der christlichen Erziehung I Antike und Mittelalter, Freiburg 1993

J. Patocka, die Philosophie der Erziehung des J.A. Comenius, Paderborn 1971

T. Pichler, Das Fasten bei Basileios dem Grossen und im antiken Heidentum, Innsbruck 1955

V.. Pyykö, Die griechischen Mythen bei den großen Kappadoziern und bei Johannes Chrysostomus, Turku 1991

A. Quacquarelli, Sull omelia di Basilio Attende tibi ipsi, in: Basilio di Cesarea la sua eta, la sua opera e il Basilianesimo in Sicilia (Atti del congresso internazionale Messina 1979, vol.D, Messina 1983, 489-502

J. Quint (Hg.), Meister Eckart, Deutsche Predigten und Traktate, München 3,1969

R. Rabbow, Paidagogia, die Grundlegung der abendländischen Erziehungskunst in der Sokratik, Göttingen 1960

W.M. Ramsay, Life in the Days of St. Basil the Great, in: Ders., Pauline and other Studies in Early Christian History, Michigan 1969

A. Rauch/ P. Imhof (Hg.), Basilius, Heiliger der Einen Kirche, München 1981

G. Rauschen, das griechisch-römische Schulwesen zur Zeit des ausgehenden antiken Heidentums, Bonn 1900

H.Rahner, Griechische Mythen in christlicher Deutung, Darmstadt 1966

E. Rawson, Intellectual life in the late Roman Republic, Baltimore 1985

H.J. Rechtmann, Geschichte der Pädagogik. Wandlungen der deutschen Bildung, Nürnberg 3,1967

L.D. Reynolds/N.G. Wilson, Scribes and Scholars. A. Guide to the transmission of Greek and Latin literature, Oxford 1968

O. Ring, Drei Homilien aus der Frühzeit Basilius` des Großen. Grundlegendes zur Basiliusfraage, Paderborn 1930

J.M. Rist, Basil's "Neoplatonism ", in W.Fedwick, Basil of Cäsarea: Christian, Humanist, Ascetic. A Sixteen-Hundredth Anniversary Symposium, part one, Toronto 1981, 137-220

Ders., Stoic Philosophy, Cambridge 1967

H. Robinson, teaching the allegory of the cave, Teach Phil 15 (4), 1992,329-35

W.M. Roggisch, Platons Spuren bei Basilius dem Großen, Bonn 1949

G. Ruhbach, Glaube und Erziehung bei Martin Luther, in: K. Heimbucher (Hg.), Luther und der Pietismus An alle, di emit Ernst Christen sein wollen, Giessen/Basel 1983, 196-213

D.B.Saddington, the Function of education according to christian writers of the latter part of the fourth century A.D., Acta classica 8/1965, 86-101

M. Sander-Gaiser, Lernen als Spiel bei Martin Luther, Frankfurt 1996

G. Sauter-Ackermann, Erlösung durch Erkenntnis? Studien zu einem Grundproblem der Philosophie Schoppenhauers, Cuxhaven 1994

C. Schäublin, Zur paganen Prägung der christlichen Exegese,in J.v. Oort/K. Wickert (Hgg.), Christliche Exegese zwischen Nizea und Chalcedon, Kempen 1981

H. Scheible, Philipp Melanchthon, Karlsruhe 1995

L. Scheffczyk (Hg.), Erlösung und Emanzipation, Freiburg (Br.) 1973

F. Schemmel, Die Hochschule von Konstanatinopel vom V. bis IX Jahrhundert, Berlin 1912

Ders., Die Hochschule von Konstantinopel im IV. Jahrhundert, Neue Jahrbücher 1908 II.Abt., Bd.XII, H.3

Ders., Basilius und die Schule von Cäsarea, Phil.Wochenschrift 26/1922, 620-24

Ders., Der Sophist Libanius als Schüler und Lehrer, Neue Jahrbücher 1907

H. Scheuerl (Hg.), Die Pädagogik der Moderne von Comenius und Rousseau bis in die Gegenwart. Ein Lesebuch, München/Zürich 1982

H. Schilling, Bildung als Gottesbildlichkeit, eine motivgeschichtliche Studie zum Bildungsbegriff, Freiburg 1961

G. R. Schmidt, Philipp Melanchthon, Glaube und Bildung, Texte zum christlichen Humanismus, Stuttgart 1989

H.W. Schmidt/P. Wülfing (Hg.), Antikes Denken -moderne Schule, Heidelberg 1988

G. Schoch von Fischenthal, die Bedeutung der Erziehung und Bildung aus der Sicht des Erasmus von Rotterdam, Zürich 1988

R.G. Shoemaker, CaveAngst, Teach Phil 1 (3), 1976, 235-41

B. Schonsheck, drawing the cave and teaching the divided line, Teach Phil 13 (4), 1990, 373-77

L. Schucan, Das Nachleben von Basilius Magnus "ad adolescentes Ein Beitrag zur Geschichte des christlichen Humanismus, Genf 1973

H. Schürmann, de Ss. Basilio et Gregorio Nazianzeno literarum antiquarum studiosis, pars I, Kempen 1862; pars II, Kempen 1872 (Jahresberichte über das Gymnasium Thomaeum zu Kempen)

B. Sellin, "ich will kein inmich mehr sein" (hg. von M. Klonovsky), Köln 1993/95

T.L. Shear, The Influence of Plato on Saint Basil, Diss. Washington 1906

B.A. Sichel, Self-Knowledge and education in plato's Allegory of the cave, Phil. of Education 41 (1985), 429-39

Y. Spiegel, Doppeldeutlich, Tiefendimensionen biblischer Texte, München 1978

G.R. Stanton, Sophists and Philosophers, AJP 94/1970, 350-64

F. Steffensky, Feier des Lebens, Spiritualität im Alltag, Stuttgart 3,1987

A. Stegmann, Basilius von Cäsarea, Mahnreden. Mahnwort an die Jugend und drei Predigten (bearbeitet von T. Wolbergs München 1984 (Schriften der Kirchenväter Bd.4)

W. Steinmann/O. Wermelinger (Hg.), Augustinus, Vom ersten katechetischen Unterricht, München 1985

B. Stoll, de virtute in virtutem. Zur Auslegungs- und Wirkungsgeschte der Bergpredigt in Kommentaren, Predigten und hagiographischer Literatur von der Merowingerzeit bis um 1200, Tübingen 1988

B.Studer, la riflessione teologica nella chiesa imperiale, Rom 1989

H. Stupperisch, Erasmus von Rotterdam und seine Welt, Berlin/New York 1976

H. Thielen, Befreiung: Perspektiven jenseits der Moderne, Würzburg 1994

B. Treucker, politische und sozialgeschichtliche Studien zu den Basiliusbriefen, Diss. Stettin 1961

A. Tsirimbas, Die allgemeinen pädagogischen Gedanken der alten Stoa. Vorzugsweise nach griech. Quellen, München 1936

V. Ugenti, Solone e Basilio, in: Basilio di Cesarea, la sua eta, la sua opera e il Basilianesimo in Sicilia (Atti del congresso internazionale Messina 1979, vol.D, Messina 1983, 259-66

H. Urlinger, die geistes- und sprachgeschichtliche Bedeutung der Berleburger Bibel. Ein Beitrag zur Wirkungsgeschichte des Quietismus in Deutschland, Saarbrücken 1969

H. Usener, Ein altes Lehrgebäude der Philologie, in: Ders., Kleine Schriften, Bd.2, Leipzig/Berlin 1913, 265-314

L. Vischer, Basilius der Große. Untersuchungen zu einem Kirchenvater des 4. Jahrhundert, Diss. Basel 1953

A. Warkotsch, Antike Philosophie im Urteil der Kirchenväter. Christlicher Glaube im Widerstreit der Philosophien, Paderborn 1973

F.M. Weinberg, the Cave, the evolution of a metaphoric field from Homer to Ariosto, New York 1986

S. Weinstock, die platonische Homerkritik und ihre Nachwirkung, Philologus 82 (1927), 121-53

H. Weiss, Die großen Kappadocier als Exegeten, Braunsberg 1872

G. Weiss, Die Erziehungslehre der drei Kappadozier. Eine pädagogischphilosophische Studie, Freiburg 1903

J. Werbick, Erlösung erzählen – verstehen-verkündigen: theologische Hinführung – Texte zu Predigt und Meditation, München 1997

W. Willi, Griechische Popularphilosophie. Ein gemeinverständ licher Vortrag, Greifswald 1923

N.G. Wilson (Hg.), Saint Basil on the value of Greek Litera ture, London 1975

R. Winkel (Hg.), Pädagogische Epochen von der Antike bis zur Gegenwart, Düsseldorf 1987

Wittmann, Ascensus, er Aufstieg zur Transzendenz in der Metaphysik Augustins, Müchen 1980

P. Wolf, Das Schulwesen in der Spätantike. Libanius-Studien, Baden-Baden 1964

Ders., Libanios. Autobiographische Schriften, Zürich 1967

W. Wühr, das abendländische Bildungswesen im Mittelalter, Neustadt-Aisch 1950

B. Wyss, Gregor von Nazianz. Ein griechisch-christlicher Denker des 4. Jahrhunderts, Darmstadt 1967

Th. Zahn, Der Stoiker Epiktet und sein Verhältnis zum Christentum, Erlangen 1894

J. Zimmer, die vermauerte Kindheit, Bemerkungen zum Verhältnis von Verschulung und Entschulung, Weinheim/Basel 1986

K-H. Zur Mühlen, Nos extra nos, Luthers Theologie zwischen Mystik und Scholastik, Tübingen 1972